三三两两舞春暄，玉翅香须更可怜。

前村后村燎火明,
东家西家爆竹声。

山外青山楼外楼,
西湖歌舞几时休。

鄙心须澡雪,莲藕在淤泥。

粽包分两髻，艾束著危冠。

买得晨鸡共鸡语,
常时不用等闲鸣。

谁言寸草心,报得三春晖!

叶圣陶讲给孩子的写作课

② 写人篇

叶圣陶 著

开明出版社
·北京·

图书在版编目（CIP）数据

叶圣陶讲给孩子的写作课. 写人篇 / 叶圣陶著. 北京：开明出版社，2025.7. -- ISBN 978-7-5131-9633-8

Ⅰ. G634.343

中国国家版本馆 CIP 数据核字第 2025ZY4715 号

责任编辑：卓　玥

YESHENGTAO JIANGGEI HAIZI DE XIEZUOKE
叶圣陶讲给孩子的写作课

作　　者：	叶圣陶　著
出　　版：	开明出版社
	（北京市海淀区西三环北路25号 邮编100089）
印　　刷：	三河市兴达印务有限公司
开　　本：	880mm×1230mm 1/32
成品尺寸：	145mm×210mm
印　　张：	44.5
字　　数：	718千字
版　　次：	2025年7月第1版
印　　次：	2025年7月第1次印刷
定　　价：	198.00元（全八册）

印刷、装订质量问题，出版社负责调换。联系电话：（010）88817647

目录

叶圣陶精讲

002 人物描写

005 邓山东

叶圣陶佳作展示

016 白采

020 驾长

023 我的侄儿

030 两法师

040 好友宾若君

050 怀念石岑先生

052 《中国现代作家丛书——朱自清》序

057 朱佩弦先生

064 纪念杨贤江先生

067 "生活教育"——怀念陶行知先生

070 书匡互生先生

074 记丏翁一二事

077 夏丏尊先生逝世

082 纪念侯绍裘先生

085 《王统照文集》跋

092 悼剑三

096 纪念雁冰兄

098 悼念愈之兄

102 悼丁玲

104 记徐玉诺

111 俞曲园先生和曲园

114 我钦新凤霞

118 汪伯乐烈士传略

122 《郑振铎文集》序

127 《丰子恺文集》序

132 追怀调孚

137　追念陶元庆先生
140　桡夫子
143　阿凤
149　义儿
161　一个练习生
178　阿菊

叶圣陶精讲

人物描写

人物描写可以分外面、内面两部分来说。外面指见于外的一切而言，内面指不可见的心理状态而言。

外面描写包含着状貌、服装、表情、动作、言语、行为、事业等等的描写。我们在写一篇描写人物的文章的时候，对于这许多项目决不能漫无选择，把所有见到的都写了进去。我们总得拣印象最深的来写。状貌方面的某几点是其人的特点；服装方面的某几点足以表示其人的风度；在某一种情境中，哪一些表情和动作、哪几句言语正显出其人的品格；在一段或者全部生活中，哪一些行为和事业足以代表其人的生平。捉住了这些写出来，就不是和甲和乙都差不多的一个人，而是活泼生动的某一个人了。

这些项目不一定要全写，没有什么可写当然不写，有可写而不很关重要，也就可写可不写。有一些文章单把某人的几句言语记下，或者单把某人的一些表情和动作捉住，也能够描写出一个活泼生动的人来。如果写到的有许多项目,那么错综地写大概比分开来写来得好。如写表情、动作兼写状貌、服装,写行为、事业兼写言语,读者就不觉得是作者在那里描写,只觉得自己正与文中的主人公对面。如果分开来写,说其人的状貌怎样,服装怎样……读者的这种浑成之感就无从引起,自然会清楚地觉得是作者在那里告诉他一些什么了。

内面描写就是所谓心理描写。心理和表现于外的一切实在是分不开来的:表现于外的一切都根源于内面的心理。他人内面的心理无从知道,我们只能知道自己内面的心理。但我们可以从自身省察,知道内面和外面的关系。根据了这一点,我们看了他人的外面,也就可以推知他的内面。那些用第三人称的文章,描写甲的心理怎样,乙的心理怎样,甲和乙真个把自己的心理告诉过作者吗?并没有的,也不过作者从自身省察,因而推知甲和乙的内面罢了。

人物的心理描写既以作者的自身省察为根据,所以省察工夫欠缺的人难得有很好的心理描写。省察的时候能像生物学者解剖生物一般,把某一种心理过程分析清楚,知道它的因果和关键,然后具体地写出来(描写总须要具体,前面已经说过了),那一定是水平线以上的心理描写。

心理描写有时候就借用外面描写；换一句说，就是单就文字看，固然是外面描写，但仔细吟味起来，那些外面描写即所以描写其人的心理。如《背影》里的"扑扑衣上的泥土，心里很轻松似的。过一会儿说，'我走了，到那边来信！'……他走了几步回过头看见我，说，'进去吧，里边没人'"，就是一个例子。这几句都是外面描写，可是把一位父亲舍不得和儿子分别的心理完全描写出来了。

邓山东

萧乾

……这人到我们门口来做买卖，可说是一个叫孙家福的学生拉来的呢。

……在拐角处，我们见到他了。一个高大魁伟的汉子，紫红的脸蛋，有着诙谐的表情。毛蓝裤竹标袄的中腰扎着一根破旧的皮带。胸前系着一个小篮子。手向身边一挢，头向天一仰，就又唱了起来。

"嗨，卖炸食的，站住！"孙家福用一个熟朋友的口气迎头截住了他，这汉子响亮的笑了出来，马上就蹲在靠近电线杆子的墙根下了。

……"卖炸食的，再给我唱一回那《饽饽阵》吧。"孙家福扯了他的臂说。

……每唱完一支总有人买一回东西。并且还争着"先给我唱"，虽然唱出来是大家听。

我们问他嗓子怎么那么好。

"这算啥！俺在兵营里头领过一营人唱军歌。那威风！"说到这儿,他叹息地摸一摸腰间的皮带,"不是大帅打了败仗,俺这时早当旅长了。"提起心事了,于是他摇了摇头,嘴里便低哼着:"一愿军人志气高,人无志气铁无钢……"

……他直爽,"硬中软"的心肠是我们受到老师苦打后唯一的补偿。甚而我们中间自己有了纠纷时,也去麻烦他。他总是东点点头,西点点头,说:"都有理,都有理。不该动手呵!"

孙家福因为朝会上偷看《七侠五义》,被斋务长罚不准回家吃饭,空着肚子立正。这消息传到邓山东耳里后,就交给我一包芙蓉糕。

"黄少爷想法递给孙二少。真是,哪有饿着的呢!"

"钱呢?"我问。

"什么话呢!"他怪我傻相。事实上我们都不欠他一个钱。"俺眼都没长在钱上。朋友交的是患难。快去!"他做了一个手势。

……"你为什么偷送吃的给家福?"斋务长劈头森严地问。

……"你又说谎!"他用板子指我的鼻梁。吓得我倒退两步。"门房眼看你赊来,由窗口掷进去的。"

……第二天早晨,邓山东儿叉着腰,撇着嘴说:"他娘的,撵俺走。官街官道。俺做的是生意。黄少爷,你尽管来!"原来斋务长已不准他在门口摆摊了。

……上午第末堂,墙外又送进来熟悉的歌声:

"三大一包哇,两大一包哇。

天真子弟各处招呀。

揍人学校办得糟哇,

俺山东儿谁也不怕!"

这最末一句唱得那么洪亮,那么英雄,把个台上的老师气得发抖。我们虽然坐在校墙里头,心却属于这个声音。

第二天早晨我到学校门口时,看见一簇人挤在邓山东儿担子那儿,个个老鼠似的低着头挑东西呢。瞧见我,他遥遥地拔起了身,扎出头来招呼:"黄少爷来吧,新鲜的秋果。"

我就仗着人多钻了进去。十几只手都探伸到一个大笸箩里抓来抓去。把虫蚀的往别人那里推,把又大又红的握到自己手里。正争闹着,我背后感到一下槌击。本能地回过身来,斋务长雷厉风行地立在眼前了。

……"走,全到斋务处去!"斋务长说。

"我说,当老师的,"邓山东怔怔地追了上来。

"买东西不犯罪呀。你不能由俺摊上捉学生!"

"滚开!"斋务长气哼哼地说。"不滚开带你上区里去!"

"喝!"邓山东看了看我们这几个俘虏,看了看在鄙夷他的斋务长,气愤起来。"上区就上区,俺倒要瞧瞧!"说着他挽起袖子,挑起担子,就跟了进来。

门房正呶呶地数说着往外赶邓山东儿,却被斋务长拦住了。

……邓山东把一双紫红的手臂交叉在胸膛间,倚着一根柱子,瞪着台上不屑看他的斋务长,陪我们听候发落。

……斋务长起来报告了。首先说了一阵我们的不是,又示意地瞪了卖糖的一眼,才飕地由他怀里抽了出来一条硬木戒方。

"过来!"他向我们喊。板子前端指着台前。

我们犹疑地前移了。

第一条臂伸到板子下面时,一个粗暴的声音由后面嚷了出来。

"先生,你干吗呀?"邓山东儿攘臂而前,跃到我们一行人前边站定了。

"一旁站着!"斋务长不屑注意似的避了开去,

"我打我的学生。"

"你要打,别打学生,打俺。"邓山东慷慨地把头转了过来。"做买卖不犯国法。买东西也不干你。俺不服,俺不能看着少爷们挨打。

这时,地震似的后排的同学都站起来了。

斋务长一面弹压秩序,一面为这个人所窘住了。

斋务长气愤愤地掴着邓山东伸得平直的大手掌劈头打去。只看见邓山东面色变得青紫,后牙根凸成一个泡。

待到斋务长气疲力尽,一只红肿的手甩了下来后,像害了场热病,邓山东头上冒着粒粒圆滚汗珠。

"够了吗?"

斋务长向校役做了个手势,走过去找抹布。邓山东一句话也不说,摇摆着踏出了礼堂。

自从那次以后,他把担子挑得离学校远了几步。同学的钱花到邓山东担子上成了一件极当然极甘心的事。

有时他还低声唱:

"三大一包哇,两大一包哇。

学校的片儿汤味真高呵!

一板儿两板儿连三板儿,

打得山东的买卖愈盛茂!

这一回我摘录萧乾先生的一篇小说的一部分给读者诸君阅读，顺便谈谈关于人物的描写。

听到描写二字，第一个印象就是把事物画出来给大家看。事物不在眼前，画了出来就清清楚楚看得见了。不过一幅画只是事物一瞬间的静态，在这一瞬间的以前和以后，事物又怎样呢，这是画不出来的。能够满足这种期望的还得数有声活动电影。有声活动电影不只表示事物的静态，它能把事物在某一段时间以内的情形传达出来，而且摄住了这段时间以内的各种声音。看了有声活动电影，才真个和接触真实事物相差不远了。

现在用文字来描写事物，意思就是要使一篇文章具有有声活动电影的功用，至少也得像一幅画，让人家看了宛如亲自接触了那些事物。这不是死板地照实记录就可以济事的。你一是一二是二地记录下来了，人家看了，只能知道一堆琐屑的节目，对事物却没有整个的认识，你的描写就是徒劳。你必须先打定主意，要使人家认识整个的事物须在某几点上着力描写，然后对于某几点特别用工夫，这才可以如你的初愿。画画拍电影也是这样。拿起画笔来照实临摹，无论怎样工细，怎样准确，只是一张习作罢了，算不得一件艺术品。抬起摄影机来对着任何事物摇动一阵，事物当然拍进去了，但是不免混乱琐碎，算不得一部有价值的影片。画画和导演的人在动手以前，必须先想定该从事物的身上描写些"什么"出来，才能使事物深入人心。他们的努力是引导观众去观察去感觉这个"什么"。观众真个因此而观察明白了这个"什么"，感觉到了这个"什么"，才是他们描写的成功。

总之，描写不是死板地照抄实际事物。用适当的文字，把事物外面的和内面的特质表达出来，使人家认识它的整体，这才算描写到了家。

现在把范围缩小，单说对于人物的描写。在许多旧小说里边，一个人物出场的时候，作者往往给他"开相"，他容貌怎样，态度怎样，服装怎样，说上一大堆。在一些传记里边，作者往往给传记中的主人翁加上一些关于性格的写述，如"豁达大度""恭谨有礼"之类。这些是不是描写呢？回答是不一定就是。如果只叙明某一个人物的容貌怎样，态度怎样，服装怎样，跟后面要写的这个人物的思想和行动都没有关系，那么只是浪费笔墨而已，不能算作描写。至于"豁达大度""恭谨有礼"之类，乃是作者对于人物的评判，作者评判他怎样，读者不能就见到他怎样，所以，如果仅仅使用这种评判语句，实在不能算作描写。要知道，人物的容貌、态度、服装等等是写述不尽的，在写述不尽之中提出一部分来写，当然非挑选那些跟他的思想行动发生关系的不可。"豁达大度""恭谨有礼"之类既是作者对于人物的评判，作者就该让读者听听他的言论，看看他的举止行动，自己去见到他的"豁达大度"或者"恭谨有礼"。如果作者的笔墨真能使读者自己见到这样的结论，这两句评判语句也就无妨删去了。

描写人物以描写他的性格为主，容貌、态度、服装等等常常作为性格的衬托，只有在足以显出人物性格的当儿，才是真正必要的。岂但这些，就是人物以外的环境，作者所以不肯放过，也为的是增加描写人物性格的效果。写的虽然是人物以外的环境，而着眼点却在衬托出人物的性格。在小说中间，这种例子是很多的。

仅仅用一些形容词作为评判的话，如说"他很爽直"，"这个人非常勇敢"，决不是描写人物性格的办法。描写人物性格要在人物的一言一行一颦一笑上下工夫，没有一句评判的话也不要紧。能使读者从人物的一言一动一颦一笑上体会得出人物的性格来，那才是上等的描写。

萧乾先生这篇小说注重描写邓山东的性格。邓山东是一个在小学校门口卖杂货糖食的,当过兵,能说能唱,极受许多小学生的欢迎。因为给一个被罚不准回家吃饭的小学生送了一包芙蓉糕,学校里的斋务长不准他在校门口摆摊。以后他和斋务长起了一番小小的交涉。故事非常简单。作者是站在一个姓黄的小学生的地位上写述的。读者诸君读完了这一篇,试把前面的话和这一篇对照,看作者用什么手法来描写邓山东的性格。还可以放开了书本想一想:经过作者的描写,为什么邓山东宛然成了一个熟悉得很的人物了。

叶圣陶佳作展示

白 采

那一年我从甪(lù)直搬回苏州,一个晴朗的朝晨,白采君忽地来看我。先前没有通过信,来了这样轻装而背着画具的人,觉得突兀。但略一问答之后,也就了然,他是游苏州写风景来的,因为知道我的住址,顺便来看我。我始终自信是一无所知一无所能的人,虽然有愿意了解别人以善意恳切对待别人的诚心,但是从小很少受语言的训练,在人前难得开口,开口又说不通畅,往往被疑为城府很深甚至是颇近傲慢的人。而白采君忽地来看我,我感激并且惭愧。

白采君颇白皙,躯干挺挺的使人羡慕。坐了一会儿,他说附近有什么可看的地方愿意去看看。我就同他到沧浪亭,在桥上望尚未凋残的荷盖。转到文庙,踏着泮池[1]上没踝的丛草,蚱蜢之类便三三两两飞起来。

---

[1] 泮(pàn)池:水池,一般设置在古代学宫前,是官学的标志。

大成殿森然峙立在我们面前，微闻秋虫丝丝的声音，更显得这境界的寂寥。我们站在殿前的阴影里，不说话。白采君凝睛而望，一手按着内装画板的袋子。我想他找到画题了吧，看他作画倒是有味的事。但是他并不画，从他带笑的颧颊上知道他得到的感兴却不平常。

我想同他出城游虎丘，但是他阻住我，说太远了，他不愿多费我的时间，——其实我的时间算得什么。我声明无妨，他只是阻住，于是非分别不可了。就在文庙①墙外，他雇了一头驴子，带着颇感兴趣的神情跨了上去。驴夫一鞭子，那串小铜铃康郎康郎作响，不多时就渺无所闻，只见长街远处小玩具似的背影在那里移动。

我的记性真不行，那一天谈些什么，现在全想不起来了。

后来也通过好几回信，都是简短的，并不能增进对于他的了解。但是他的几篇小说随后看到了，我很满意。我们读无论怎样好的文字，最初的感觉也无非是个满意，换句话说，就是字字句句入我意中，觉得应该这

---

① 文庙：指纪念和祭祀教育家孔子的祠庙建筑，又被称作夫子庙、至圣庙、先师庙、先圣庙、文宣王庙。

么说，不这么说就不对。但是，单说满意似乎太寒伧①了，于是找些渊博的典雅的话来这样那样烘托，这就是文学批评。去年，他的深自珍秘的一首长诗《羸②疾者的爱》刊布出来了，我读了如食异味，深觉与平日吃惯了的青菜豆腐乃至鱼肉不同，咀嚼之余，颇想写一点文字。但是念头一转，我又不懂什么文学批评，何必强作解人呢，就把这意思打消了。不过我坚强地相信这是一首好诗，虽然称道的人不大有。

去年冬，我们到江湾看子恺君的漫画。在立达学园门前散步的时候，白采君与别的几位教师从里面出来，就一一招呼，错落聚谈。白采君不是前几年的模样了，变得消瘦，黝黑，干枯，说话带伤风的鼻音。后来知道他有吐血的病。

今年大热天的一个午后，愈之君跑来突然说："白采死了！"

"啊！"大家愕然。

我恍惚地想大概是自杀吧；当时虽不曾想到他的诗与小说，但是他的诗与小说早使我认定他是骨子里悲观的人。

---

① 寒伧（chen）：粗俗。
② 羸（léi）：瘦弱。

经愈之君说明,才知道是病死在船上的。

"人生如朝露"等古老的感慨,心里固然没有,但是一个相识而且了解他的心情的人离开我们去了,永不回来了,决不是暂时的哀伤。

他的遗箧(qiè)里有许多珍秘的作品,我愿意尽数地读它们。已经刊布的一篇诗一本小说集,近来特地检出来重读了。我们能更多地了解他,他虽然死了,会永远生存在我们的心里。

原载1926年10月5日《一般》第1卷10号

驾　长

白木船上的驾长就等于轮船上的大副,他掌着舵①。

一个晚上,我们船上的驾长喝醉了。他年纪快五十,喝醉了就唠唠叨叨有说不完的话。那天船歇在云阳,第二天要过好几个滩。他说推桡子②的不肯卖力,前几天过滩,船在水面打了个转,这不是好耍的。他说性命是各人的,他负不了这个责。当时就有个推桡子的顶他:"'行船千里,掌舵一人',你舵没有把稳,叫我们推横桡的怎么办!"

在大家看来,驾长是船上顶重要的人物。我们雇木船的时候,担心到船身牢实不牢实。船老板说:"船不要紧,人要紧。只要请的人对头,再烂的船也能搞下去。"他说的"人"大一半儿指的驾长。船从码头开出,船老板就把他的一份财产全部交给驾长了,要是他跟着船下去,连他的性命也交给了驾长。乘客们呢?得

---

① 舵(duò):用来控制船航行方向的装置,一般位于船尾。
② 桡(ráo)子:船桨。

空跟驾长聊几句，晚上请他喝几杯大曲。"巴望他好好儿把我们送回去吧，好好儿把我们送回去吧。"

舵在后舱，一船的伙计就只有驾长在后舱做活路①。我们见着驾长的时候最多，对于驾长做的活路比较熟悉。一清早，我们听驾长爬过官舱的顶篷到后舱的顶篷，一手把后舱的一张顶篷揭起，一片亮就透进舱来。我们看他把后舱的顶篷全收了，拿起那块长长的蹬板搁在两边舱壁上，一脚蹬上去，手把住舵。于是前面的桡夫就下篙子，船撑开了。

驾长那么高高地站在蹬板上，头露出在顶篷外，舵把子捏在手里，眼睛望着前面。我们觉得这条船仿佛是一匹马，一匹能够随意驰骋的马，而驾长是骑手。你要说这是个很美的比喻吧？可是，他掌着舵只是做活路，没有大野驰马的豪兴。我们同行有两条船，两条船上的驾长都喝酒。我们船上的年纪大多了，力气差些，到滩上，他多半在蹬板上跺脚，连声喊："扳（bān）重点！扳重点！……就跟搔痒一样！"有一回，舵把子打手里滑脱了，亏得旁边几个乘客帮他扳住。他重新抓住舵把子的时候，笑了笑说："好几个百斤重呢，不是说着要的。"另一条船上的年轻人什么时候都喝酒，他夸

---

① 做活路：方言，指工作。

张地摆给我们听："不喝酒可有点儿害怕呢。脚底下水那么凶，不说假的，你们看到就站不住。喝点酒，要放心些。"我们的驾长就不然，做活路的时候他决不喝酒。这不是说他比那年轻人胆大，对于可怕的水他们两个抱着不同的害怕态度。

木船上禁忌很多，好些话不能说。偏偏那些话关于航行的多，我们时常会不知不觉地说出来。推桡子的听见了，会朝我们说："说不得，说不得。"驾长听见了，会老大地不高兴，好像我们故意在跟他捣蛋。是的，人家把性命财产交给了他，他把这个责任跟他自己的性命一半儿交给了"经验"，还有一半儿呢，不知道交给什么，也许就是交给那些禁忌吧。船上的伙计们说："船开动了头，就不消问哪天到哪里。这是天的事，你还做得到主啊？"

川江的水凶，水太急的地方，单凭一把舵转不过弯来。所以船头上还有一根梢子，在要紧时候好帮帮舵的忙。扳梢子的大家也把他叫做驾长。到滩上，他总站在船头比手势，给掌舵的指明水路，好像是轮船上的领江。他拿到的工钱跟掌舵的一样。

1946年4月14日作

原载《消息半周刊》第4期

我的侄儿

我的侄儿,年纪三岁不足一个月,体量重,躯干大,与躯干比起来,脑袋尤其大。圆脸庞,不说夸张话,脸色真个像苹果那么红。一对大眼珠灵活,有神。

他发育比较迟,与我哥哥一个样。听母亲说,普通小孩子一岁过就能说话,十三四个月就能走路,他到十八个月才能扶着椅子移步,二十个月才能发个单音,算是开始说话。他走得迟,或许因为他的体量重,医生解释是少吃了钙质;他说得迟,或许因为他懒得学习,或者不需要学习,要什么吃啊玩的,像哑巴那样用手势和面部表情示意,就能满足他的要求了。

到现在,他的话还很简单,限于一个名词和一个动词,或者一个形容词,名词在前,动词或者形容词在后。如说"桔,剥""门,开""房房,去""花,好""灯,亮"。

不知怎么的,他把肉叫做"傍傍",并没有人教他,人家说肉,他硬是说"傍傍"。又不知怎么的,他知道碗里切成块切成丝的肉，就是挂在铺子里的半爿[①]猪上割下来的，他看见铺子里的半爿猪就指着说"傍傍"，甚至看见活猪也指着说"傍傍"。有时候看见牛也说"傍傍"，大概是吃了牛肉的缘故。看见马他只说"马"，绝不说"傍傍"。

他识得茶，却把各种饭菜的汤也叫做茶。吃饭时候，他要泡些汤，就指着某一碗菜说："茶，茶。"我们喝酒，问他是什么，他只说"酒"，绝不说"茶"。

"冷"字的发音似乎不很难，可是他自己创造的说法，叫做"火没有"。他从火得到了热的感觉，又知道冷是热的反面，"火没有"就表示了冷：这大有"基本英语"的意味了。

我们说的话他大多能懂，有时候也学他的说法朝他说。阴历新年里买了个气球，玩了一会儿破了，对他叙述道："气球，好，高高，啪，坏坏。"他笑了。

我们教他叫他的父亲"爹爹"，他又听我们叫父亲"爹爹"，于是父亲与祖父都叫"爹爹"。我们教他叫我们的母亲"阿婆"，他又听我们叫祖母"阿婆"，于是祖母与曾祖母都叫"阿婆"。我们纠正他，一个叫"爹爹"，一个叫"阿爹"，一个叫"阿婆"，一个叫

---

① 爿（pán）：量词。

"太太",他照叫了,但是过了些时,他又用他的一律称呼了。为什么我们叫"爹爹""阿婆"的,他不能叫"爹爹""阿婆",这时候他还搅不清楚。

他看些图画本子,见有胡子的就是阿爹(那时候他不弄错了),见壮年男子就是爹爹,见老妇人就是阿婆,见壮年女子就是妈,见打扮入时的女郎就是孃孃(姑母),见男孩子就是哥哥,见女孩子就是妹妹。

他自称为哥哥,同居人家的孩子比他小几个月,他叫他弟弟,他认得清淡黄毛的鸡是我们的,叫做"哥哥鸡",深黄毛的鸡是同居人家的,叫做"弟弟鸡"。凡是我们说话用"我"的地方,他一律用"哥哥"。称他说话的对手一律用称谓,如说"妈,坐""阿婆,饭饭"之类,他还没有运用代名词的观念。

书上画着草地、花木、游人,他说是公园。画着汽车,他说"呜呜"。画着各种的花,他说是花,没有花的枝叶也是花。画着猪或牛,他说"傍傍"。临睡之前,早上醒来,他一定要把几本书翻过一回,嘴里咿咿呀呀唱些不成腔的调子。躺着看书据说是不好的习惯,以后总得把他改过来。

他喜欢央人为他画些什么,他有个专门说法,叫做"鸭鸡,画"。大概因为头一次画了鸭与鸡给他看之故。只要看开头几笔,一张尖嘴,他就认出是鸡,一张扁嘴，一个弯弯的项颈，他就认出是鸭。画个长脸，他说"马"，画个扁脸，他说"啊呜"（猫），不等你添上身体和四条腿。两条曲线凑在一起，一边儿现出鱼尾的形状，他就连声说"鱼，鱼"。方才画一朵花或是一条枝条，他就连声说"瓶，瓶"，意思是还得加上个瓶。无论圆瓶方瓶长颈瓶短颈瓶他都满意，足见他已经有了个瓶的概念。有时他要自己动手，说，"哥哥，鸭鸡，画"，把笔抢在手里，涂满了一纸的黑杠子，就拿去给妈或是阿婆看了。

他已经能识数。要他数书上的人或物，数桌子上的茶杯，数停在路上的汽车，三数以内往往不错。他还不能说"一，二，三"，只能用手指头来比，看看所数的对象，又看看他自己伸直的手指头，两相符合了，就扬一扬手，表示这就是数目。

他的反应很敏捷，心思很精细，有一回电灯忽然熄了，点起蜡烛来，可是没有什么插的，他却从桌子肚里检出个玻璃瓶来，正好插蜡烛。他见过一回祀先，供上祭菜，点起香烛，就取拜垫来大家跪拜，以后每回祀先，取拜垫成为他的职务，决不忘了。又有一回，他的母亲忽然肚子痛，痛得很厉害，大家忙着找一瓶麻醉剂，希望暂时止一止她的痛。大家也没有说药啊什么的，他却从形色上看出来了,就在抽屉里检了一包咳嗽药送来。

他认得清各种的店铺。书店里陈列着书,皮鞋店里陈列着皮鞋,见什么说什么,当然很平常。可是茶叶店里的茶叶都藏在缸子里,他也说得出"茶",不知怎么搞的。还有理发店的陈设各各不同,有讲究的,有简陋的,他进去过的只是中等的店铺,大概他已经抓住了一些要点,无论指哪一等的理发店问他,他总举手在头顶上作势,模仿理发的形状。还有西药铺和中药铺,问他都说"药",两种铺子的陈设截然不同,我们又从来没买过中药,教自然有人教过他的,但是他不会把中药铺与陈设相似的纸铺缠错,这却奇了。

他看电影是最近几个月内的事,以前常想让他去尝试尝试,看他的反应如何,只因电影院里空气不好,又恐他没有耐性,说起了又延搁了。一天,他父亲带他去了,起初看见幕布上映得很大的人形,有些害怕,看了些时,也就没有什么。头一回居然终局,一点二三十分的时间,注意力没有完全涣散;后来看了卡通片《白雪公主》,回来就学七个矮仙的走路模样,反剪了手,身子左一歪右一歪的,看了几回,他上瘾了,吃过午饭,就嚷"票票,电影",意思是说带了钞票看电影去。母亲朝我们说:"你们五六岁的时候闹着看电影,现在他胜过你们了,三岁还不到,就是'电影,电影'的。"她的话里含着不很赞成的意思。

最近二十几位作家举行"现代美术展览",母亲嫂嫂带了他去,回来时他把画面上的东西,凡是说得来的一一说出来,很有兴味似的。美术展览的会所是美术协会,他认得那个门面了,现在每走过一趟,看见门开着,就要拉住他母亲进去看看。前天看的是什么人的书展,不知他看了那些楹联①屏条,行书正楷,小头脑里想些什么。

他喜欢做事,派他做什么,常是高高兴兴的。每天三四回送报纸来,他抢着去接"报,报",接着总是送到他祖父手里。他母亲洗衣服,他去取肥皂缸。他父亲脱皮鞋,他去取布面鞋。晒在阳光中的小东西他抢着收,还能辨别晾着的衣服干不干。什么地方的东西归在什么地方。他似乎有一种性格,刻板,照旧样。一张广漆方凳是他进餐时的座位,他认定那方凳坐,不肯随便。

他已经有了一种习惯,买了什么吃的东西来,大家均分,他拿一份,不再想侵占人家的。有时派他去送,妈一份,阿婆一份……他达达达跑去送了,回来拿自家

---

① 楹联:对联,以对偶句形式呈现。

的一份。他与同居人家那孩子玩，起了争端的时候，那孩子就打他，用手指甲抓他，他却没有照样回敬过，他还没有这一种反应。前一种习惯当然是好的，后一种，从一方面说，也不能算坏。希望他永远保持，并且普及到种种行为方面。

他不能看人家表示憎厌的嘴脸。谁对他摆起那副嘴脸，他就转头不顾，仿佛没看见似的，当然，小嘴垛起来了。如果拗（ào）了他的意思，他就放声大哭，声音很洪亮。禁止他不要哭是无效的，有效的办法只有转移他的注意。突然间讲飞机怎么样，汽车怎么样，他噙着眼泪听，哭就止住了。脾气发得厉害，也有把手头的东西摔得一地的时候。好在我们难得拗他，故而他也难得哭，除了身子不好，气管炎发作的日子（他极容易发气管炎），他总是笑嘻嘻的。

我觉得他的资质很不坏，如果我们有耐性抚导他，又有了解儿童心理的素养，随时随地因势利导，使他往好的方面发展，前途一定未可限量。现在把他的琐屑记在这儿，待过了一年半载，再取出来比较，看他的进步如何。

1945年3月27日作
原载《中学生》战时月刊第86期

两法师

在到功德林去会见弘一法师的路上,我怀着似乎从来不曾有过的洁净的心情;也可以说带着渴望,不过与希冀看一出著名的电影剧等的渴望并不一样。

弘一法师就是李叔同先生,我最初知道他在民国初年;那时上海有一种《太平洋报》,其艺术副刊由李先生主编,我对于副刊所载他的书画篆刻都中意。以后数年,听人说李先生已经出了家,在西湖某寺。游西湖时,在西泠印社①石壁上见到李先生的"印藏"。去年子恺先生刊印《子恺漫画》,丏尊先生给它作序文,说起李先生的生活,我才知道得详明些;就从这时起,知道李先生现在称弘一了。

于是不免向子恺先生询问关于弘一法师的种种。承他详细见告。十分感兴趣之余,自然来了见一见的愿

---

① 西泠(líng)印社:1904年创建的研究印学、书画的民间艺术团体,第一任社长是吴昌硕。

望，就向子恺先生说了。"好的，待有机缘，我同你去见他。"子恺先生的声调永远是这样朴素而真挚的。以后遇见子恺先生，他常常告诉我弘一法师的近况：记得有一次给我看弘一法师的来信，中间有"叶居士"云云，我看了很觉惭愧，虽然"居士"不是什么特别的尊称。

前此一星期，饭后去上工，劈面来三辆人力车。最先是个和尚，我并不措意。第二是子恺先生，他惊喜似的向我点头。我也点头，心里就闪电般想起"后面一定是他"。人力车夫跑得很快，第三辆一霎经过时，我见坐着的果然是个和尚，清癯①的脸，颔下有稀疏的长髯（rán）。我的感情有点激动。"他来了！"这样想着，屡屡回头望那越去越远的车篷的后影。

第二天，就接到子恺先生的信，约我星期日到功德林去会见。

是深深尝了世间味，探了艺术之宫的，却回过来过那种通常以为枯寂的持律念佛的生活，他的态度该是怎样，他的言论该是怎样，实在难以悬揣。因此，在带着渴望的似乎从来不曾有过的洁净的心情里，还掺着些惝

---

① 癯（qú）：瘦。

惝怳[1]的成分。

　　走上功德林的扶梯，被侍者导引进那房间时，近十位先到的恬静地起立相迎。靠窗的左角，正是光线最明亮的地方，站着那位弘一法师，带笑的容颜，细小的眼眸子放出晶莹的光。丏尊先生给我介绍之后，叫我坐在弘一法师的侧边。弘一法师坐下来之后，就悠然数着手里的念珠。我想一颗念珠一声"阿弥陀佛"吧。本来没有什么话要向他谈，见这样更沉入近乎催眠状态的凝思，言语是全不需要了。可怪的是在座一些人，或是他的旧友，或是他的学生，在这难得的会晤（wù）时，似乎该有好些抒情的话与他谈，然而不然，大家也只默然不多开口。未必因僧俗殊途，尘净异致，而有所矜持吧。或许他们以为这样默对一二小时，已胜于十年的晤谈了。

　　晴秋的午前的时光在恬然的静默中经过，觉得有难言的美。

　　随后又来了几位客，向弘一法师问几时来的，到什么地方去那些话。他的回答总是一句短语；可是殷勤极了，有如倾诉整个心愿。

---

[1] 惝怳（chǎng huǎng）：模糊不清。

因为弘一法师是过午不食的,十一点钟就开始聚餐。我看他那曾经挥洒书画弹奏钢琴的手郑重地夹起一荚豇(jiāng)豆来,欢喜满足地送入口中去咀嚼的那种神情,真惭愧自己平时的乱吞胡咽。

"这碟子是酱油吧?"

以为他要酱油,某君想把酱油碟子移到他面前。

"不,是这个日本的居士要。"

果然,这位日本人道谢了,弘一法师于无形中体会到他的愿欲。

石岑先生爱谈人生问题,著有《人生哲学》,席间他请弘一法师谈些关于人生的意见。

"惭愧,"弘一法师虔(qián)敬地回答,"没有研究,不能说什么。"

以学佛的人对于人生问题没有研究,依通常的见解,至少是一句笑话。那么,他有研究而不肯说么?只看他那殷勤真挚的神情,见得这样想时就是罪过。他的确没有研究。研究云者,自己站在这东西的外面,而去爬剔、分析、检察这东西的意思。像弘一法师,他一心持律,一心念佛,再没有站到外面去的余裕。哪里能有研究呢?

我想问他像他这样的生活,觉得达到了怎样一种境界，或者比较落实一点儿。然而健康的人不自觉健康，哀乐的当时也不能描状哀乐；境界又岂是说得出的。我就把这意思遣开；从侧面看弘一法师的长髯以及眼边细密的皱纹，出神久之。

饭后，他说约定了去见印光法师，谁愿意去可同去。印光法师这名字知道得很久了，并且见过他的文抄，是现代净土宗的大师，自然也想见一见。同去者计七八人。

决定不坐人力车，弘一法师拔脚就走，我开始惊异他步履的轻捷。他的脚是赤着的，穿一双布缕缠成的行脚鞋。这是独特健康的象征啊，同行的一群人哪里有第二双这样的脚。

惭愧，我这年轻人常常落在他背后。我在他背后这样想：

他的行止笑语，真所谓纯任自然，使人永不能忘。然而在这背后却是极严谨的戒律。丏尊先生告诉我，他曾经叹息中国的律宗有待振起，可见他是持律极严的。他念佛，他过午不食，都为的持律。但持律而到达非由"外铄（shuò）"的程度，人就只觉得他一切纯任自然了。

似乎他的心非常之安，躁忿（fèn）全消，到处自得；似乎他以为这世间十分平和，十分宁静，自己处身其间，甚而至于会把它淡忘。这因为他把所谓万象万事划开了一部分，而生活在留着的一部分内之故。这也是一种生活法，宗教家大概采用这种生活法。

他与我们差不多处在不同的两个世界。就如我，没有他的宗教的感情与信念，要过他那样的生活是不可能的。然而我自以为有点儿了解他，而且真诚地敬服他那种纯任自然的风度。哪一种生活法好呢？这是愚笨的无意义的问题。只有自己的生活法好，别的都不行，夸妄的人却常常这么想。友人某君曾说他不曾遇见一个人他愿意把自己的生活与这个人对调的，这是踌躇满志的话。人本来应当如此，否则浮漂浪荡，岂不像没舵之舟。然而某君又说尤其要紧的是同时得承认别人也未必愿意与我对调。这就与夸妄的人不同了；有这么一承认，非但不菲薄别人，并且致相当的尊敬。彼此因观感而潜移默化的事是有的。虽说各有其生活法，究竟不是不可破的坚壁；所谓圣贤者转移了什么什么人就是这么一回事。但是板着面孔专事菲薄别人的人绝不能转移了谁。

到新闸太平寺，有人家借这里办丧事，乐工以为吊客来了，预备吹打起来。及见我们中间有一个和尚，而且问起的也是和尚，才知道误会，说道："他们都是佛教里的。"

寺役去通报时，弘一法师从包袱里取出一件大袖僧衣来（他平时穿的，袖子与我们的长衫袖子一样），恭而敬之地穿上身，眉宇间异样的静穆。我是欢喜四处看望的，见寺役走进去的沿街的那个房间里，有个躯体硕大的和尚刚洗了脸，背部略微佝（gōu）着，我想这一定就是了。果然，弘一法师头一个跨进去时，就对这位和尚屈膝拜伏，动作严谨且安详。我心里肃然。有些人以为弘一法师该是和尚里的浪漫派，看见这样可知完全不对。

印光法师的皮肤呈褐色，肌理颇粗，一望而知是北方人；头顶几乎全秃，发光亮；脑额很阔；浓眉底下一双眼睛这时虽不戴眼镜，却用戴了眼镜从眼镜上方射出眼光来的样子看人；嘴唇略微皱瘪（biě），大概六十了。弘一法师与印光法师并肩而坐，正是绝好的对比，一个是水样的秀美、飘逸，一个是山样的浑朴、凝重。

弘一法师合掌恳请了："几位居士都欢喜佛法，有曾经看了禅宗的语录的，今来见法师，请有所开示，慈悲，慈悲。"

对于这"慈悲，慈悲"，感到深长的趣味。

"嗯，看了语录。看了什么语录？"印光法师的声音带有神秘味。我想这话里或者就藏着机锋吧。没有人答应。弘一法师就指石岑先生，说这位先生看了语录的。

石岑先生因说也不专看哪几种语录，只曾从某先生研究过法相宗的义理。

这就开了印光法师的话源。他说学佛须要得实益，徒然嘴里说说，作几篇文字，没有道理；他说人眼前最要紧的事情是了生死，生死不了，非常危险；他说某先生只说自己才对，别人念佛就是迷信，真不应该。他说来声色有点儿严厉，间以呵喝。我想这触动他旧有的忿忿了。虽然不很清楚佛家的"我执""法执"的涵蕴是怎样，恐怕这样就有点儿近似。这使我未能满意。

弘一法师再作第二次恳请，希望于儒说佛法会通之点给我们开示。

印光法师说二者本一致，无非教人父慈子孝兄友弟恭等等。不过儒家说这是人的天职，人若不守天职就没有办法。佛家用因果来说，那就深奥得多。行善就有福，行恶就吃苦。人谁愿意吃苦呢？——他的话语很多，有零星的插话，有应验的故事，从其间可以窥见他的信仰与欢喜。他显然以传道者自任，故遇有机缘不惮尽力宣传；宣传家必有所执持又有所排抵，他自也不免。弘一法师可不同，他似乎春原上一株小树，毫不愧怍①地欣欣向荣，却没有凌驾旁的卉木而上之的气概。

在佛徒中，这位老人的地位崇高极了，从他的文抄里，见有许多的信徒恳求他的指示，仿佛他就是往生净土的导引者。这想来由于他有很深的造诣，不过我们不清楚。但或者还有别一个原因：一般信徒觉得那个"佛"太渺远了，虽然一心皈（guī）依，总不免感到空虚；而印光法师却是眼睛看得见的，认他就是现世的"佛"，虔敬崇奉，亲接謦欬（qǐng kài），这才觉得着实，满足了信仰的欲望。故可以说，印光法师乃是一般信徒用意想来装塑成功的偶像。

弘一法师第三次"慈悲，慈悲"地恳求时，是说这里有讲经义的书，可让居士们"请"几部回去。这个"请"字又有特别的味道。

房间的右角里，装钉作似的，线装、平装的书堆着不少；我不禁想起外间纷纷飞散的那些宣传品。由另一位和尚分派，我分到黄智海演述的《阿弥陀经白话解释》、大圆居士说的《般若波罗密多心经口义》、李荣祥编的《印光法师嘉言录》三种。中间《阿弥陀经白话

---

① 怍（zuò）：惭愧。

解释》最好，详明之至。

于是弘一法师又屈膝拜伏，辞别。印光法师点着头，从不大敏捷的动作上显露他的老态。待我们都辞别了走出房间，弘一法师伸两手，郑重而轻捷地把两扇门拉上了。随即脱下那件大袖的僧衣，就人家停放在寺门内的包车上，方正平帖地把它折好包起来。

弘一法师就要回到江湾子恺先生的家里，石岑先生、予同先生和我就向他告别。这位带有通常所谓仙气的和尚，将使我永远怀念了。

我们三个在电车站等车，滑稽地使用着"读后感"三个字，互诉对于这两位法师的感念。就是这一点，已足证我们不能为宗教家了，我想。

1927年10月8日作

原载《民铎》第9卷1号

好友宾若君

前晚，善儿将睡，倦意已笼住他的眉目，忽然懊丧地说："听济昌说，明天他要跟着祖父母母亲回苏州去了。"

济昌跟善儿同班，是善儿最好的朋友。当善儿说起学校里的玩戏时，我们往往不待思索地问："是不是跟济昌？"或者陈说功课的成绩时，我们也常常会问："那么济昌的成绩怎样？"

听善儿这么说，知道离别之感侵入他的心了。而在我，更触动了似已淡忘而实在是有意避开的生死之感，于是颇觉凄然。

济昌的父亲宾若君，我永远纪念的好友，是给火车轮碾伤而惨死的。在我粘贴照片的簿子里，有他一帧（zhēn）半身的遗像，我在上边题着"是具真诚能实行的教育家"十一个字。

宾若君在甪直当高小学校校长，先后邀伯祥与我去当教员。本来是同学，犹如亲兄弟一样，复为同事，真个手足似的无分彼此，只觉各是全体的一部分。我因年轻不谙世故，当了几年教师，只感到这一途的滋味是淡的，有时甚且是苦的；但自从到甪直以后，乃恍然有悟，原来这里头也颇有甜津津的味道。

宾若君不好空议论，当然也不作现在所谓宣传性质的文字，他对于教育只是"认真"，当一件事去干。在到甪直之前，他在诗人所萦系的虎丘下的七里山塘当小学校长。山塘的店家每看宾若君的往还作他们的时计；而学生家属有难决的事，如关于疾病、资产、营业等的，宾若君往往是他们的重要顾问：这就见得他不单是个教读书写字的教师。

我与他同事以后，只觉得他的诚恳远过于我，竟略带压迫的力量。学生偶犯过失，他招犯过失的学生到他的办事室里详细地开导，严正而慈祥，往往是一点钟两点钟。末了，那学生擦着悔悟的眼泪退出来，宾若君自己的眼眶也好像湿润了。他热心于卫生常识的传授，以为这是一切的基本，所以讲刷牙齿、洗澡等每至两三星期，讲了之后，见学生一一照着做了，他才放心。

他并不主张什么教育什么教育，像其他的教育工作者。

他的唱歌是学生时代早著名的，曼声徐引，有女性的美而无其靡。课毕，学生回去了，我们有时沽酒小酌，酒既半醺，他按拍而歌，双颜红润，殊觉可爱。数阕（què）以后，歌者听者皆觉无上快适，已消散了积日的辛劳。

我对他也有不满意之点，就在他略带粘滞的性质。他总是"三思而后行"，而我以为未免多了一思或两思。但是轻忽偾（fèn）事的先例正多呢，像他这样审虑再四，欲行又止，即从最平常的方面说，也未必不因而少偾了几件事。所以我的不满意只因彼此的气质有不同罢了。

那年暑假已过，我因父亲去世，移家住甪直。宾若君家里有事，来了又回去，说两三天就来。但是第三天没有来。他是不肯失约的，这不来颇使我们疑怪，揣度的结论是他害病了。次日傍晚，两条航船都已泊在埠头，连船夫也散得渺无踪影，而他仍杳（yǎo）然。我与伯祥回家，正在谈论不知他的病重不重，那每晚来一趟的瘦脸邮差送信来了。伯祥接信，看了看，似乎放心又略带惊讶地说：

"果然，他病了，这是他的老太爷写的。"

"啊！"伯祥抽出信笺看，突然叫起来。我赶忙凑近去看，八九行的话，似乎个个字是生疏的，重看一遍方才明白。信里说宾若君在昆山下车，车尚未停稳，失足陷入月台与车身之间，致下身被轧受伤甚重；现由路局送回苏州，入福音医院医治；医生说暂时没有把握，要看一两天内经过情形再说。

这消息于我们真是一声霹雳（pī lì）似的震撼；也不是悲伤，也不是惊惶，实在无以名心头一时的情状。想到这个具有真诚的心的可贵的躯体正淌着红血，想到老年的父母、亲爱的哥哥正在伤心这猝然降临的不幸，我们的心都麻木了……

次日，这消息震荡了全校的心，有如突然来了狂飙。

又次日，我们买舟到苏探视。原是怀着寒怯的心情的，到望见福音医院低低的围墙时，全身仿佛被束缚了，不相信等会儿会有登岸跨进门去的勇气。"但愿是梦里吧！"这样无聊地想。

真同梦里一样，恍惚地登岸，恍惚地进医院的门。繁密的绿叶遮蔽了下射的阳光，细沙路阴森森的，树以外飘来礼拜堂里唱颂祷诗的沉静而稍带悲哀的声音，一缕哀酸直透心胸，我流泪了。

前边来了宾若君的大哥勖（xù）初君，我们迎上去问，差不多都噤口了，只简短地低低说："怎样？"

勖初君的眼睛网着红丝，惘然的，想来已经过度失眠而且流了好些眼泪吧。他摇头默叹，说宾若君失血太多了，至于十之六七，大半身无处不烂，肠也有被轧出来的，简直无望了。

立刻要去看见的是个未死而被判定必死的好友，还能有余裕想什么！无形的大石块早已紧紧压住我们了。我们承着这无形的大石块踅（xué）进病房，一切所见全是浮泛的，也不曾嗅到病房里特有的药气或者其他气味。

宾若君盖在红色的被单之下，这个想是医院里特别预备来混淆（xiáo）可怕的血迹，以减轻视疾者的忧惧的吧。但是我们明知这里掩盖着半截腐烂了的身体，虽用红色，又有什么用呢？他的脸色纯乎灰白，眼睛时时张开，头发乱结像衰草。他神志还清，抬起眼来望着我们，说："你们来看我了，谢谢。我的毛病……学校……唷……唷……"一阵剧痛打断了他的话。

除了"你放心养病，一切都有我们在"这样虚空的安慰语，还有什么可说的？不知怎样的，两条腿就把我们载出这间病室，与直躺着的宾若君分别了。伤心呵，这就是永远永远的分别，我竟不曾仔细地多看他一眼。

记得床头站着个悲伤的影子，默默的，低头，是宾若君的夫人。

受伤后的七天，宾若君才离开了人世。我因牵于校课，不曾去送殓。后来知道，宾若君在最后的两三天里是吃尽了剧烈的痛楚的。血流得越多，残破的肌肉和内脏越发不可收拾，痛觉也越见厉害。不知几千百回的沉吟哀号，不知几千百回的辗转反侧，使在旁侍奉的人想不出一点儿办法。医生给他打吗啡针，麻醉他的痛觉，但是不见有效，还是一阵阵的痛。后来他实在担当不住了，对自己的命运也已明白，含着眼泪哀恳他的二哥致觉君说："二哥，你是我的亲哥哥，疼我的，请设法让我早点儿死吧！"

致觉君是个诚笃的人，虽然万分伤心，却同意宾若的要求，就去与医生商量。

把病人看做死物一般的医生只是摇头；他们对于病人亲属的眼泪和哀泣，视同行云流水，无所动心。

"他不是绝对没有希望了么？"

"是的，绝对没有希望。"

"他当不起强烈的痛楚呢！"

"我们能够做的，就是给他打针。"

"打了针还是痛。"

"这就没有办法了。"

"与其听他多延时刻，多吃痛苦，还不如让他早点儿解脱,这是我们对于他的唯一帮助,我们是人,人有同情心,不这样做是我们的罪过!"

"向来没有这个办法。"

"哥罗仿(三氯甲烷)之类,你们不是惯用的么?只要分量适合,给他一嗅,就完事了。"

"我不能依你,因为我是医生。"

"病人自己愿意。"

"不相干。"

"我用病人的亲哥哥的名义给你写笔据,并且签字在上面!"致觉君郁悒久了的心情一不自禁,泪珠与哭声迸裂而出,鹘(gǔ)落地跪在医生面前,"医生,我求你,求你的仁慈,请你依我的话!该是犯罪,是杀人,都由我承当!"

"但是医生的宣誓是决不弄死一个还有一线生机的生命。"

"不管病人比死还难堪的痛苦么?"

"虽然痛苦,生机未尽的决不能绝灭他的生机。"

"这是人情么!"致觉君转为愤愤了。

"不问人情不人情,当医生就得如此。"医生还是那样冷静。

于是致觉君只得怀着自己害了弟弟似的歉意再去坐

在宾若的榻前，直看他的生命一丝一丝地自己断绝。

宾若君受伤的消息才传出的时候，好些人就开始"逐鹿"，希望继任校长；他们用了各色各样的方法，有巧捷的，也有拙劣的，这且不说。到他的死信传来，学校里立刻笼罩着一重惨雾，却是千真万确的事实。特地为他唱追念的歌，特地为他刻碑砌入教务室的墙壁，都是凭神灵如在的信念来作的。

开追悼会的一天，致觉君出席致感谢。还没有开口，出于天性的友爱的眼泪先已流满两颊，开口时是凄苦的声音，我忍不住，低下头来哭了。

各有各的伤心，可以达到同样的深度而各异其趣，所以说谁最伤心其实是不合的。但是据传闻的消息，宾若君的母亲太伤心了。她因宾若君死于火车，视火车如残暴的恶魔。可是住家贴近西城，每天城外来往的火车不知经过多少回，就得听不知多少回凄厉的汽笛。她听着，心就震荡了，仿佛还将夺去她的别的宝贝！有时惘然失神了，有时泫（xuàn）然掉泪了。忧伤痛苦笼罩她的一切，差不多没法继续她的生活。

关于招魂之类的方术经人推荐，就时时一试。这当然是迷信：但是只要想起母性的生死不渝的爱，你就不会有那种心存鄙弃的轻薄想头了。

其中一个术者声誉最高，也说得最动听。她说宾若君已在某某菩萨座旁为童子，光明而快乐；如果生者多多给他念些经卷，升天成佛是十分稳当的。

这是一条新的道路！她开始念经，凭着坚强的信念，以为果得升天成佛，也就差足安慰。直到现在，念经是她的日课——将永远是她的日课了。

然而念经完全替代了忧伤痛苦么？此殊未必，有一事可以证明。前年江浙战争，他们全家搬来上海，住在致觉君那里。每天下午没到四点半，她就倚着楼廊的栏杆，望致觉君归来。望到了，这才安心，知道放出去的宝贝重复回到掌中。致觉君偶或因事迟归，虽经先期禀明，她必对灯等候，直到看见儿子的笑容确已呈现于面前，然后去睡。使她致此的根源，不就是永远不能磨灭的忧伤痛苦么？

有时经过致觉君家，望见宾若夫人寂寞的侧影，或在灌花，或在闲立，心头就不禁暗淡了。抱着终生的悲哀，为恐伤翁姑的老怀，想来时时要自为敛抑吧；而为孩子的前途起见，想也不愿意多给他伤感的印象：于是只有闷闷地暗自咀嚼那悲哀的滋味，这比起哀号长叹，尽情倾吐来，其难堪岂止十倍。

看见济昌，我同样地黯然，虽然他是个苹果红的面颊乌亮亮的眼睛的可爱的孩子。宾若夫人对于济昌,听说是竭尽了所有的心力的,差不多自己生存的意义就是为着孩子。

济昌与善儿成为很好的朋友,我觉得安慰,父亲与父亲突然中断的缘分,让他们好好接下去,直到永远吧!有一次,善儿来说济昌小病新愈,在家寂寞,济昌的母亲的意思要他去陪着济昌玩儿。我听说,催善儿立刻去;能够使人慰悦的事总是我们应该做的,何况需要慰悦的是济昌母子俩!

现在,两个孩子暂时分别了。我愿他们永远是很好的朋友。这不单是济昌的母亲、祖父母、伯父等以及我的欢喜,也该是永生在我意念中的宾若君的极大安慰。

1926年11月7日作
原载《文学周报》第4卷1期

怀念石岑先生

认识石岑先生十多年，始终佩服他的修己不懈诲人不倦的精神。他的哲学方面的造诣如何我不明白，可是每一回遇到他，听他的随便谈论，总觉得一回比一回精深：那些话不只是挂在嘴边说说罢了，也就是他的行为的表白。这就可见他的人生哲学不是专门预备写书本用的。他在好几处大学里相任功课，听说每逢他上课总是满座。他的演讲在青年的思想行为上发生影响，又是我们亲眼看见亲耳听见的。现在他死了，有无数的学生追悼他纪念他，更可以见到他的教诲绝不会随着他的生命一同消逝。

石岑先生这回卧病之前，曾经同郭一岑先生通电话说要到开明编译所来看我们，结果没有来，写了一封信来订后会之期。接着他病了。我给事务牵累住，不曾到医院去看过他一趟，直到他死了，也不曾去送葬，现在追悼会，也还是不能到，我很觉得抱歉，但是从另一方面想，这些都是形迹之末，脱略一点儿也没有什么关系。在我的记忆里头，将永远保留着石岑先生的紧紧握手恳切谈话的那一副神态。

原刊于1935年1月9日《中学生》杂志51号

《中国现代作家丛书——朱自清》序

佩弦兄的新选集将要付排，乔森把他编定的目录送给我过目。目录分成三部分，第一部分是新体诗，第二部分是散文，第三部分旧体诗和词。我看着不禁想起许多往事。

我跟佩弦兄相识在六十年前。那是一九二一年的初秋，他和我，还有刘延陵兄，都受聘在上海吴淞中国公学中学部任教员。当时彼此都年轻，兴趣广泛，容易受新事物的吸引。报刊上发表的新体诗常常是我们谈论的资料。我们自己也写新体诗，认为诗要真率地表现真情实感，必须冲决传统的旧形式。那一年的除夕，我跟佩弦兄同住在杭州第一师范的宿舍里。我们都躺下了，还是谈个没有完，桌子上点着两支洋蜡。佩弦兄忽然看了看表，说作成一首小诗了，就念给我听：

除夜的两支摇摇的白蜡烛光里，
我眼睁睁瞅着

一九二一年轻轻地踅过去了。

这首小诗迎来了一九二二年。就在这新的一年开始的时候，《诗》月刊创刊了，编辑者是佩弦兄、延陵兄、平伯兄和我。在《诗》的第四期上，佩弦兄发表了他的第一篇论新体诗的文章《短诗与长诗》，算起来距离现在正好六十年。

提倡新体诗，探索表达新的内容的新的形式，我当时的热心跟佩弦兄他们不相上下，可是成绩比他们差远了；并且随着年龄的增长，热劲儿逐渐消退。这样的人很多，不只我一个，可是谁也没有说穿过，好像新体诗只是青年们的玩意儿。佩弦兄可不是这样，他跟新体诗结下了不解之缘，选编，研究，评论，一直不曾间断过，真有一股锲而不舍的韧劲儿。他用欣喜的眼光看待新的作者和新的作品，从不吝惜他的赞赏，又坦率地说出他认为不足之处。他像园丁似的抚育着每一棵新苗，使人们以为他自己大概不准备再写新体诗了。没想到突然在报上读到他的《挽闻一多先生》正是新体诗。这首挽诗只有十二行，分为三节，每节开头都赞颂闻先生是一团火，最后一节是：

你是一团火，
照见了魔鬼；
烧毁了自己，
遗烬里爆出个新中国！

这样炽烈的感情除了用新体诗，能用什么别的形式来表达呢？诗句是自然而然"爆"出来的，就像闻先生所说的"爆一声"那样"爆"出来的，功夫并不在于形式的选择上。

佩弦兄的散文，我是十分推崇的。我曾经向青年们少年们作过许多次介绍，还对我的子女们说，写散文应该向朱先生学。如果有人问我是否有点儿偏爱，我乐于承认。每回重读佩弦兄的散文，我就回想起倾听他的闲谈的乐趣，古今中外，海阔天空，不故作高深而情趣盎然。我常常想，他这样的经验，他这样的想头，不是我也有过的吗？在我只不过一闪而逝，他却紧紧抓住了。他还能表达得恰如其分，或淡或浓，味道极正而且醇厚。只有早期的几篇，如《桨声灯影里的秦淮河》《温州的踪迹》，不免有点儿着意为文，并非不好，略嫌文胜于质，稍后的《背影》《给亡妇》就做到了文质并茂，全凭真感受真性情取胜。到了后期，如《飞》，套一句老话，可以说达到"炉火纯青"的境界了。如果让他多活若干年，多留下几十篇上百篇作品，该多好呀！五十岁不满，就一般人来说，正是经验、技巧和精力都丰富并且互相配合起作用的时期，佩弦兄却匆匆地走完了人生的历程，过早地离开了人间，并且正当国家起着天翻地覆的变化的时刻！

佩弦兄的旧体诗和词在他生前发表的极少；就是那极少的几首，也不是他自己交给报社或杂志社的。他把他的旧体诗和词的抄本题作《敝帚集》和《犹贤博弈斋诗抄》。"犹贤博弈"用《论语》里孔子的话。孔子说："饱食终日，无所用心，难矣哉！不有博弈者乎？为之，犹贤乎已。"意思是说掷骰子下棋也比"无所用心"好些。佩弦兄把掷骰子下棋比他的作旧体诗，无非说这只是消闲遣兴而已，写给朋友看看当然不妨，无须公开发表。他不主张提倡旧形式，尤其不主张让青年们吟诗填词，因为作了旧体诗和词，精神上不免或多或少接近古人，跟现代生活拉开了距离。

佩弦兄虽然把作旧体诗和填词看作消闲遣兴的事，可是凡事认真的他，消闲遣兴也不肯随便，不存戏弄的心思。他在《犹贤博弈斋诗抄》的自序中说"学士衡之拟古，亦步亦趋"，他真个下了功夫。《敝帚集》开头的三十八首就是他拟古的习作，曾经呈请黄晦闻先生教正。黄先生批了十个字："逐句换字，自是拟古正格。"大概说取古人的作品，逐句按古人的意思另外造句，总不至于不成格局。这样练习并不是自己作诗，方法也比较呆板，不但意思是古人的，连表达的程序也是古人的。可是事事认真的佩弦兄认为既然要作古诗，就得老老实实遵循古人的办法学，还要向前辈名家求教。那是一九二七年的事，当时他在清华大学任国文系教授。

佩弦兄逝世太早了，我跟他结交不满三十年。这三十年间是会面的日子少，分别的岁月多，通信虽勤，总不及会面欢畅。在纪念佩弦兄的那首《兰陵王》里，我记下了这无法排遣的怅惘："相逢屡间阔，常惜深谈易歇。"我们俩最后的一次分别在成都，是一九四五年八月二十八日。抗战已经胜利，他要去昆明随同清华大学返回北平，来向我辞行，我告诉他正打算回上海。我们相约日后在上海见面，没想到竟成虚愿。

看了乔森编定的目录，我为佩弦兄感到快慰。可惜他自己不会知道了，他逝世已经三十四年了。

朱佩弦先生

　　本志的一位老朋友,也是读者们熟悉的一位老朋友,朱佩弦(自清)先生,于八月十二日去世了。认识他的人都很感伤,不认识他可是读过他的文字,或者仅仅读过他那篇《背影》的人也必然感到惋惜。现在我们来谈谈朱先生。

　　他是国立清华大学的教授,任职已经二十多年。以前在浙江省好几个中学当教师,也在吴淞中国公学中学部教过书。他毕了北京大学的业就当教师,一直没有间断。担任的功课是国文和本国文学。他的病拖了十五年左右。工作繁忙,处事又认真,经济也不宽裕,又遇到八年的抗战,不能好好的治疗,休养。早经医生诊断,他的病是十二指肠溃疡,应当开割。但是也有医生说可以不开割的,他就只服用了些药品了事。本年八月六日病又大发作,痛不可当,才往北大医院开割。大概是身体太亏了,几次消息传来,都说还在危险期中。延了六天,就去世了。他今年五十一岁。

他是个尽职的胜任的国文教师和文学教师。教师有所谓"预备"的功夫，他是一向做这个功夫的。不论教材的难易深浅，授课以前总要剖析揣摩，把必须给学生解释或揭示的记下来。一课完毕，往往满头是汗，连擦不止。看他神色，如果表现舒适愉快，这一课是教得满意了，如果有点紧张，眉头皱起，就可以知道他这一课教得不怎么惬意。他教导学生取一种平凡不过也切实不过的见解：欣赏跟领受着根在了解跟分析，不了解，不分析，无所谓欣赏跟领受。了解跟分析的基础还在语言文字方面，因为我们跟作者接触凭借语言文字，而且单只凭借语言文字。一个字的含糊，一句话的不求甚解，全是了解跟分析的障碍。打通了语言文字，这才可以触及作者的心，知道他的心意中为什么起这样的波澜，写成这样的一篇文字或一本书。这时候，说欣赏也好，说领受也好，总之把作者的东西消化了，化为自身的血肉，生活上的补益品了。他多年来在语文教学方面用力，实践而外，又写了不少文篇，主要的宗旨无非如此。我们想这是值得青年朋友注意的。好文字好作品拿在手里，如果没有办法对付它，好只在它那里，与我全不相干。意识跟观点等等固然重要，可是不通过语言文字的关，就没法彻底分析意识跟观点等等。不要以为语言文字只是枝节，要知道离开了这些枝节就没有另外的什么大事。

他是个不断求知不惮请教的人。到一处地方，无论风俗人情，事态物理，都像孔子入了太庙似的"每事问"，有时使旁边的人觉得他问得有点儿土气，不漂亮。其实这样想的人才是"故步自封"。不明白，不懂得，心里可真愿意明白，懂得，请教人家又有什么难为情的？在文学研究方面，这种精神使他经常接触书刊论文，经常阅读新出的作品，不但理解他们，而且与他们同其呼吸。依一般见解说，身为大学教授，自己自然有已经形成的一套，就把这一套传授给弟子，那是分内的事儿。很有些教授就是这么做的，大家也认为他们是行所当然。可是朱先生不然，他教育青年们，也随时受青年们的教育。单就他对于新体诗的见解而论，他历年来关心新体诗的发展，认明新体诗的今后的方向，是受着一班青年诗人的教育的，他的那些论诗的文字就是证据。但是，同样在大学里当教授的，以及在中学里当教师的，以及非教师的知识分子，很有说新体诗"算什么东西"的，简直认为胡闹。若不是朱先生的识力太幼稚短浅，就该是那些人太不理会时代的脉搏了。

他待人接物极诚恳，和他做朋友的没有不爱他，分别时深切地相思，会面时亲密地晤叙，不必细说。他在中学任教的时候就与学生亲近，并不是为了什么作用去拉拢学生，是他的教学和态度使学生自然乐意亲近他，与他谈话和玩儿。这也很寻常，所谓教育原不限于教几本书讲几篇文章。不知道什么缘故，我国的教育偏偏有些别扭，教师跟学生俨然像压迫者跟被压迫者，这才见得亲近学生的教师有点儿稀罕，说他好的认为难能可贵，说他坏的就不免说也许别有用心了。他在大学里也还是如此，学生就是朋友，他哪里肯疏远朋友呢？可是他决不是到处随和的好好先生，他督责功课是严的，没有理由的要求是决不答应的，当过他的学生的都可以作证明。学生对于好好先生当然不至于有什么恶感，可也不会有太多的好感，尤其不会由敬而生爱。像朱先生那样的教师，实践了古人所说"教学相长"，有亲切的友谊，又有坚强的责任感，这才自然而然成为学生敬爱的对象。据报纸所载的北平电讯说，他入殓的当儿，在场的学生都哭了。哭当然由于哀伤，而在送死的时候这么哀伤，不是由于平日的敬爱已深吗？

他作文，作诗，编书，都极为用心，下笔不怎么快，有点儿矜持。非自以为心安理得的意见决不乱写。不惮烦劳地翻检有关的材料。文稿发了出去，发见有些小节目要改动，乃至一个字还欠妥，总要特地写封信去，把它改了过来才满意。他早期的散文如《匆匆》《荷塘月色》《桨声灯影里的秦淮河》都有点儿做作，过于注重修辞，见得不怎么自然。到了写《欧游杂记》《伦敦杂记》的时候就不然了，全写口语，从口语中提取有效的表现方式，虽然有时候还带一点文言成分，但是念起来上口，有现代口语的韵味，叫人觉得那是现代人说的话，不是不尴不尬的"白话文"。当世作者的文字，多数是不尴不尬的"白话文"，面貌像说话，可是决没有一个人真会说那样的话。还有些文字全从文言而来，把"之乎者也"换成了"的了吗呢"，格调跟腔拍却是文言。照我们想，现代语跟文言是两回事，不写口语便罢，要写口语就得写真正的口语。自然，口语还得问什么人的口语，各种人的生活经验不同，口语也就两样。朱先生写的只是知识分子的口语，念给劳苦大众听未必了然。但是，像朱先生那样切于求知，乐意亲近他人，对于语言又高度的敏感，他如果生活在劳苦大众中间，我们料想他必然也能写劳苦大众的口语。话不要说远了，近年来他的文字越见得周密妥贴，可又极其平淡质朴，读下去真个像跟他面对面坐着，听他亲切的谈话。现在大学里如果开现代本国文学的课程，或者有人编现代本国文学史，论到文体的完美，文字的全写口语，朱先生该是首先提到的。他早年作新体诗不少，后来不大作了，可是一直关心新体诗，时常写关于新体诗的文字，那些文字也是研究现代本国文学的重要资料。他也作旧体诗，只写给朋友们看看，发表的很少。旧体诗的形式限制了内容，一作旧体诗，思想情感就不免跟古人接近，跟现代人疏远。作旧体诗自己消遣，原也没有什么，发表给大家看，那就不足为训了。

他的著作出版的记在这里。散文有《踪迹》的第二辑（亚东版，第一辑是新体诗）、《背影》、《欧游杂记》、《伦敦杂记》（开明版）、《你我》（商务版）五种。新体诗除了《踪迹》的第一辑，又有《雪朝》里的一辑（《雪朝》是八个人的诗集，每人一辑，商务版）。文学论文集有《诗言志辨》（开明版），大意说我国的文学批评开始于论诗，论诗的纲领是"诗教"跟"诗言志"，这一直影响着历代的文学批评，化为种种的意见跟理论。谈文学的文集有《标准与尺度》（文光版）跟《论雅俗共赏》（观察版）两种，都是近年来的作品。用他自己的话说，他"企图从现代的立场上来了解传统"，"所谓现代的立场，按我的了解，可以说就是'雅俗共赏'的立场，也可以说是偏重俗人或常人的立场，也可以说是近于人民的立场。"（《论雅俗共赏》序文中的话）从这中间可以见到他日进不已的精神。又有《语文零拾》（名山版）一种。《新诗杂话》（作家版）专收论诗之作，谈新体诗的倾向跟前途，也谈国外的诗。《经典常谈》（文光版）介绍我国四部的要籍，采用最新最可靠的结论，深入而浅出，对于古典教学极有用处。论国文教学的文字收入《国文教学》（开明版，与圣陶的同类文字合在一块儿）。又有《精读指导举隅》《略读指导举隅》（商务版，与圣陶合作），这两本书类似"教案"，希望同行举一而反三。他编的东西有《新文学大系》中的诗选一册（良友版）。去年的大工程是编辑《闻一多全集》（开明版）。今年与吕叔湘先生和圣陶合编《开明高级国文读本》《开明文言读本》，预定各六册，编到第二册的半中间，他就和他的同伙分手了。

看前面开列的，可知他毕生尽力的不出国文跟文学，他在学校里教的也是这些。"思不出其位"，一点一滴地做去，直到他倒下，从这里可以见到个完美的人格。

1948年8月16日作
原载《中学生》月刊总202期

纪念杨贤江先生

贤江先生去世十八年，我们才来纪念他，以前只是记在心头，没有为他开过会，写过纪念文字。

我跟贤江先生在商务印书馆相识，同在编译所。他编《学生杂志》，可不是主编。他一方面顾到主编人的意旨（在当时也算不得高明的意旨），一方面不肯放松读者的利益，居然使《学生杂志》在学生界起了不小的作用，现在的中年人还记住民国十几年间《学生杂志》给他们的影响。这件事看似平常，其实是很不容易的。

他的生活最有规律。工作时间以外，什么时候读书，什么时候运动，很少有更改；偶尔去看他，见他毕恭毕敬地坐在那里用功，立刻想起这是他的读书时间，就不好意思多坐了。我好几次猜想，他这么认真，大概受过理学家那一套说法的影响，后来知道果然。但是他那时候已经是个革命者了。从阶级意识说，从唯物唯心的观点说，革命者跟理学家截然不同。然而在凡事认真这一点上，彼此是相同的（那些假冒的当然不能算在内）。从理学转到革命的似乎很有几位，恽（yùn）代英先生也是一个。

他怎样干革命活动，我不大清楚。只知道到编译所来看他的人很多，会客室里时常可以见着他。青年们对他很有信仰，开什么会往往找他去演说。

他平时研读跟著译的大多在社会科学跟教育方面。他对于教育的见解，现在看来也还是正确的。本来，只要认定教育并非孤立的事项，只要认定教育该为什么人服务，见解就错不到哪里去。我想，如果他健在到今天，也许早就到老解放区干教育工作吧。凭他的认真精神，配合着解放区里色色求其土生土长的风尚，在教育上该会有不少的贡献。

他讲究卫生，经常做健身操，挺挺的高高的身躯，肩膀宽阔，脸色红红的，谁都看得出他是个标准的健康人。不料他忽然病起来了，我现在已经记不清，好像是肺结核。只记得去看他的时候，他不是静静地坐着就是静静地躺着，说需要多休养。后来病侵入了肾脏，医治总不见好。他的夫人韵漪（yī）照料他无微不至，不说自己劳困，只为他的病在他看不见的时候皱眉。最后到日本去治，割了一个肾脏，经过相当好。可是不几天突然转变，他去世了。韵漪带回来他的骨灰。

十几年来，韵漪在学校担任教师，艰苦的生活，勤劳的服务，直到如今。朋友间都说她不愧为革命者的遗族。一个儿子在抗战期间进了苏北解放区，就没有消息，历年来托有关方面详细打听，毫无结果。朋友们都想，恐怕牺牲了，可不敢当她的面说。最近上海传来消息说她的儿子有了着落，大家替她欢喜，她的欢喜当然可想而知了。

1949年8月6日作

原载1949年9月《人民日报》

"生活教育"——怀念陶行知先生

关于教育的见解，千差万别，可是扼要地区别起来，也很简单，大致可以分为相反的两派。就教育的目标说，一派希望受教育者成为工具，另一派希望受教育者成为人，独立不倚的人，不比任何人卑贱浅陋的人。就教育的理解说，一派认为受教育者像个空瓶子，其中一无所有，开着瓶口等待把东西装进去，另一派认为受教育者自有发掘探讨的能力，这种能力只待培养，只待启发，教育事业并非旁的，就只是做那培养和启发的工作。就教育的方法说，一派注重记诵，使受教育者无条件地吞下若干东西，另一派注重创发，不但使受教育者吞下若干东西，尤其重要的在使受教育者消化那些东西，化为自身的新血液，新骨肉。以上说的目标、理解和方法三项是一致的。前一派希望受教育者成为工具，就不能不把他们认作空瓶子，要他们无条件地吞下若干东西。后一派希望受教育者成为人，自然要把他们当人看待，自然要把培养能力启发智慧作为教育的任务，自然要竭力使他们长成新血液，新骨肉。就受教育者的方面说，受前一派的教育是"为人"，有人需要一批工具，你是应命准备去做工具，不是"为人"是什么？受后一派的教育是"为己"，"古之学者为己"的"为己"，发展智能，一辈子真实受用，这种教育就是陶行知先生所说的"生活教育"。

在皇帝的时代，在法西斯的国家，当然推行前一派的教育。皇帝要人民作工具供养他，法西斯机构要人民作工具拥护它，势所必然把教育作为造成工具的手段。但是，皇帝早已推翻了，法西斯已经打垮了，在人民的世纪中，人人要做独立不倚的人，不比任何人卑微浅陋的人，就必须推行后一派的教育，如陶行知先生所说的"生活教育"。

放眼看我国当前的教育，无论认识方面，表现方面，都还脱不出前一派的窠臼（kē jiù）。教育原不是孤立的事项，有这么样的中国，就有如现在模样的教育。有人说，要把教育办好了，才可以把中国弄好。这自然见出对于教育的热诚和切望，可是实做起来未必做得通。还是调转来说，要把中国养好了，才可以脱出前一派教育的窠臼，彻头彻尾地推行后一派的教育。所以陶行知先生一方面竭力提倡"生活教育"，一方面身任民主运动的先锋。现在推行"生活教育",不怕艰难,不避危害,当然也有成就,那成就对于中国的弄好也大有帮助。然而那成就只是一点一滴的,要收到普遍的效果,要使人人受到充实自己、发展自己的教育,总得在中国真正弄好了之后。

担任教育工作的人多极了,人的聪明才智,一般说来是相去不远的,然而像陶行知先生那样提倡并且推行"生活教育"的有几人?像陶行知先生那样认清教育与其他事项关系,献身于民主运动的又有几人?安得陶行知先生的精神化而为千,化而为万,整个教育界的人都把陶行知先生作为楷模,使中国的教育一改旧观啊!

1946年10月23日作

书匡互生先生

一星期前,周予同先生对记者说:"这次战后重来上海,朋友中最使我受感动的有三个人,第一个便是匡互生先生。当战事剧烈时,大家都以为立达学园将从此毁灭,绝没有重兴的希望了。到上海后,听说匡先生仍在力谋重兴,已经觉得奇怪。后来到江湾去一看,立达竟已焕然一新:被破坏的屋宇门窗都已修葺完整;被抢失的校具书物都已重行置备。而且学生宿舍里,从前本用木床的,竟一律换成崭新的铁床。暑期补习的学生已经到了一百多人。呵,这是何等可惊奇的事呵!"

"一·二八"事变发生以后,江湾因接近闸北,立达学园立刻受到恐慌。那时正在寒假期内,有几位重要的教职员都已因假回里,但许多远道学生却仍然住在校内。其余没有回里并带有家属的许多教师便大家集议,主张将学生迁往设在南翔的立达农场,家眷也都移到安全一点的地方去。决定之后,学生和学校中重要的器物逐渐迁移,教师也大多数带了家眷搬往南翔或上海。匡互生先生却决意留守学校，他的夫人也愿和他同在一起，不肯离开江湾。后来军队驻入校内，他仍然和军队同住；并且每隔一天必去南翔一次，第二天又回江湾，直到江湾被日军占领为止。江湾一经失守，南翔也告危急。立达的学生和农场的种蜂种鸡又从南翔迁往无锡。匡先生这时又奔走于南翔无锡两地，没有息脚。这其间最使他为难的，是学校毫无现款，学生的饭食和鸡的食料每天需银二百余元没法供给，虽经多方借贷，都被拒绝。正在这时候，他宝庆的家中来了一个电报，说他的父亲病故，叫他立刻回去。他不得已只好带了家眷奔丧回籍。在家中大约逗留了一星期，把丧事匆匆办妥，便又单身从宝庆赶回无锡。那时候战事暂告平息，"停战协定"还没签字。他曾于此时来上海一次，筹划运鸡蛋来上海，把卖得的钱去买鸡的食料。不料刚在他从上海回无锡的时候，又从无锡转来一个他家里发出的电报，这电报再从上海转往无锡，却报告他的母亲逝世了！于是他又二次奔丧回籍。家中遭了两次的大故，学校又受了这样重大的打击，许多人都以为虽是匡先生也不免要灰心了吧。但匡先生却仍然匆匆地办了丧事，赶回上海。后来他对人说："我不该只知有母亲，不知有学校。假使我再迟几天回去，南翔农场里的东西一定还可搬出许多，所受损失不致这样重大。"

"停战协定"签字之后，他立刻赶回江湾，察看学校损坏的情形，用铅笔一一记载在日记簿上，计算恢复应需的费用，并且搜寻遗在校内的未爆炸弹，设法搬去，同时又派人守校。这时他比战时更加忙碌，奔走于江湾、上海、无锡、南京等处，所做的事，如筹划款项、搬移物件、修理破坏、计划下半年开学等事，不但足无停趾，简直饥不得食，倦不得睡。有一次，他要去见一位阔人，请他捐助款项，因为时间不及，雇了一辆汽车，叫车夫开足速力，限在约定时间内赶到。这时正在早晨，又落着绵绵的细雨，街上没有行人。汽车开足了马达，飞一般地直向前驶，正当转弯的地方，车夫来不及转换方向，竟把车一头撞在一所大厦的铁门上。门被撞坏了，汽车也停止了，汽车夫和车内的匡先生都晕倒在地上。铁门内的主人没有知道，而这条冷落的街上，竟连警察也没有。匡先生醒来的时候，看到旁边卧着的车夫，以为已经死去，一按脉息，庆幸着还没有死。这时警察居然慢慢地来了，他便把车夫和车交给了警察，自己仍然负着伤换车到捐款的地方去。从那边出来，才到医生处去诊察，幸而只在胸口受了一点微伤。因为汽车转弯的时候，他一看要发生事故，早把两手攀住连篷上挂着的藤圈，将身子悬在空中，所以受伤不重。医生除给了药之外，叫他每天要喝几杯白兰地，活动血脉。他到酒馆里去喝了一杯，算账的时候知道要六角大洋，便不敢再喝了。

现在匡先生的伤已渐渐地平复了，立达学园也如周先生所说焕然一新了。但是匡先生仍是一天到晚焦虑着：学校的欠债应该怎样设法偿还；学校的基础应该怎样使它稳固。

我们写这段文字，并不是想表扬匡先生。匡先生一向不喜欢人家表扬，而且也用不着人家表扬。我们的本意，无非希望诸君看了献身于中等教育事业的匡先生的事迹，能够有所感动，知道在中国的现在，有像匡先生这样的人正为着青年而献身，青年诸君不应该把自己看作无关重轻才是。

1932年7月1日发表

记丏翁一二事

去年中原战争发动以后,直到如今,没有接到过上海丏翁来信。邮路并非不通,人家已经收到了上海九月间发出的信。丏翁为什么没有来信,令人怀念无极。猜想起来,大概没有旁的原因,只因为敌人的深入把我们分隔得愈远了;从前神仙家有什么缩地之方,如今适得其反,彼此居处虽然没有变更,而邮递迟迟,寄一封信就得八九十天,好像把距离拉远了似的。在这么遥远的程途中寄信,收信人开缄①细读,无非是些明日黄花。古代人有那么一种习惯,由交通的不方便养成的,书到经年,不以为奇,在现代人可觉得太难受了。并且写信也不能说什么;问个安好,写些近况,原可以心照不宣;米价涨到若干,燃料如何艰难,写了也是徒然,彼此帮不了忙。这样想时,索性不写了事,一切待会面那时候谈它三天三夜吧。我猜想就是这么个原因。

---

① 缄(jiān):书信。

前天N先生到来，嘱我写些文字给《朝华》，因为我与丏翁是亲家，特别"点戏"写些关于丏翁的什么。我正在怀念丏翁，写这个题目倒不觉得勉强。可是想了一想，怀念不过是一种情绪，空灵得很，难以把捉。不如记述一二事实，来得便当。

前年十二月间，丏翁被日本宪兵部捕去，关了十天放出来。问何被捕，因何放出来，始终莫名其妙；据推测，大概丏翁的名字已列入敌人的"黑单"；黑单中人只关了十天，可见在敌人心目中，情形并不怎么严重。丏翁不会参加什么地下活动，直接打击敌人，我是知道的。在被拘留期间，受审问倒有五天之多；日本人是天南地北的乱问，把回答的话一一记录下来。他们知道丏翁能说日本话，要他用日本话回答。他说："我，中国人，我说中国话。你们审问有翻译员，翻译就是了。"这个话是去年从上海来的一位朋友转述给我听的，确是丏翁的声口，我听了仿佛看见了丏翁本人。

在被拘留期间，有一天，丏翁家来了个客人，送一封信，说是几个同学凑起来的钱，请夏师母随便使用，夏师母把钱收下了，没有问明来客姓甚名谁。后来丏翁回了家，一定要去还那笔钱；他以为自己虽然窘，那些学生也并不宽裕，不该凭被捕的名义受他们的钱。可是逐个逐个地问，没有一个学生承认送过那笔钱。他没有办法，只好打算捐给慈善机关，让受难同胞用。那笔钱到底捐了没有，我不清楚，因为那位朋友没有说明。我相信那送钱的确是他的学生，而且就在他问过的若干人中间，说不定那若干人个个都掏了腰包。他们知道丐翁的耿介脾气，才来个闷葫芦。我替丐翁着想，单是学生们的这一份深情厚爱，就足以抵过十天的拘囚生活而有余了。

刊于1944年11月《华西晚报》创刊号

夏丏尊先生逝世

我们要告诉读者诸君一个哀痛的消息，夏丏尊先生在上月二十三日下午九点三刻逝世了。他害了肺病，一直没有注意，不知道染上了多久。发觉害病在去年夏秋之交，休养了一些日子，到胜利消息传来的时候，已经好起来，当夜的过度兴奋使他没有睡觉。再度发病在今年一月间，起初是不能出门，后来就不能离床，延续三个月，终于不治而死。他享年六十一岁。

本志在十九年创刊，夏先生是创刊当时的主编人。他与我们一班朋友不办旁的杂志，却办《中学生》，老实说，由于我们不满意当前的学校教育。学生在学校里，应该名副其实地受教育，可是看看实际情形，学生只得到些僵化的知识。僵化的知识可以作生活的点缀品，这也懂得一些，那也懂得一些，就可以摆起知识分子的架子来，但是，僵化的知识不能化为好习惯，在生活上终身受用。夏先生写过一篇《受教育与受教材》，阐明的就是这层意思。我们想，尽我们的微力，或许对于学生界有些帮助吧，于是办起《中学生》来。我们自知所知所能都很有限，不敢处于施与者的地位，双手捧出一套东西来，待读者诸君全盘承受。我们只能与读者诸君处于同等地位，彼此商商量量，共学互勉，就在这中间受到一些名副其实的教育。我们说"帮助"，意思就在于此。这个作风是夏先生开创的，后来杂志虽然不归他编了，作风可没有改变。现在夏先生离开我们了，我们自然要继承他的遗志，凭本志给学生界一些帮助，永远不改变。

在目前的读者诸君中，认识夏先生的想来不多。但是，由于本志，由于他所著译的《平屋杂文》《爱的教育》等书，由于他参加创办的开明书店，心目中有个夏先生在的，为数一定不少。现在我们宣布夏先生逝世的消息，诸君该会恻①然伤神，悼念这位神交的朋友。在这儿，容我们叙述关于夏先生的几点，供诸君悼念他的时候参考。

夏先生幼年在家塾读书，学作八股文，十六岁上考取了秀才。十七岁开始受新式教育，考进上海的中西学院，只读了一学期。十八岁进绍兴府学堂，也只读了一

---

① 恻：忧伤，悲痛。

学期。后来往日本留学，先进宏文学院普通科。没等到毕业，考进东京高等工业学校。不到一年，就因费用不给回国，开始当教员，那时他二十一岁。他受学校教育的时期非常之短，没有在什么学校毕过业，没有领过一张毕业文凭。他对于社会人生的看法，对于立身处世的态度，对于学术思想的理解，对于文学艺术的鉴赏，都是从读书、交朋友、面对现实得来的，换一句说，都是从自学得来的。他没有创立系统的学说，没有建立伟大的功业，可是，他正直地过了一辈子，识与不识的人一致承认他有独立不倚的人格。自学能够达到这个地步，也就是大大的成功了。如果有怀疑自学的人，我们要郑重地告诉他，请看夏先生的榜样。

夏先生当教师，没有什么特别的秘诀，用两句话就可以概括：对学生诚恳，对教务认真。人生在世，举措有种种，方式也有种种，可是扼要说来，不外乎对人对事两项。对学生诚恳，对教务认真，在教师的立场上，可以说已经抓住了对人对事两项的要点。所以他的许多学生虽然已届中年，没有不感到永远乐于与他亲近的。分处两地的写信给他，同在一地的时常去看望他，与他谈论或大或小的事，向他表示种种的关切。偶尔有几个见解与他违异，或者因为行为不检，思想谬误，受过他当面或背后的指斥,他们仍然真心地爱他,口头心头总是恭敬地叫他"夏先生"。在他殡殓①的那一天,他的一位学生朱苏典先生走进殡仪馆就含着眼泪,眼圈红红的,直到遗体入殓,没有能抑制他的悲戚。朱先生五十光景了,已经留须,牙齿也有脱落,看见这么一位老学生伤悼他的老师,真令人感动,同时觉得必须是这样的老师才不愧为老师。目前的教育要彻底改革,已经毫无疑问,可是教育无论如何改革,总得通过教师才会见实效。我们期望像夏先生那样的教师逐渐多起来,配合着今后政治经济种种的改革,守住教育的岗位,对学生诚恳,对教务认真。

上月二十二日上午,距离夏先生逝世三十四小时半,夏先生朝社友叶圣陶说了如下的话:"胜利,到底啥人胜利——无从说起!"说这话以前,他已曾昏迷过好几回,说这话的时候却是清醒的,病容上那副悲天悯人的神色,令人永远不忘。胜利消息传来的那一夜他兴奋得睡不成觉,在八个月之后,在他逝世的前一天,却勉力挣扎说出这样的话来,可见几个月来他的伤痛很深。他那伤痛不是他个人的,是我国全体老百姓的,老

---

① 殡殓(bìn liàn):为死者更衣下棺,准备埋葬。

百姓经历了耳闻目睹以及身受的种种，谁不伤痛，谁不想问一声"胜利，到底啥人胜利？"自私自利的那批家伙太可恶了，他们攘夺了老百姓的胜利，以致应分得到胜利的老百姓得不到胜利。但是我们要虔敬地回答夏先生，胜利终会属于老百姓的，这是事势之必然。老百姓要生活，要好好的生活，要物质上精神上都够得上标准的生活，非胜利不可。胜利不到手，非努力争取不可。努力复努力，争取复争取，最后胜利属于老百姓。夏先生，你安心地休息吧，待你五年祭十年祭的时候，我们将告诉你老百姓已经得到了胜利的消息。

1946年5月1日作

原载《中学生》总175号

纪念侯绍裘先生

绍裘先生去世二十三年了,到今天才在报纸上公开纪念他。他被国民党反动派杀害,至今还不知道在哪一天哪一刻,也不知道被害的详情。也许比"四一二"早一些时,他在全国各地的烈士里头最先成仁。最近看见重庆集中营的图片,看了那些尸体就想起绍裘先生。反动派是要杀尽革命的斗士的,二十三年来,屠杀从没有间断过。但是,革命的斗士站在人民一边,生根在人民中间,是杀不尽的。革命的斗士跟绝大多数人民结合在一起,解放事业就得到胜利。反动派却成了"岛寇",眼看不久的将来就要被消灭了。

绍裘先生在交通大学上学的时候,因为参加革命组织,鼓动学生运动,被开除出来。后来在松江创办景贤女子中学,提倡妇女解放。同时由于共产党与国民党的合作,他在国民党江苏省党部工作,努力宣扬三大政策。没有多久,国民党省党部从松江迁到上海办公,他就应上海大学的聘请,担任附中主任,同时又在上海设立景贤女子中学分校，竭力培养革命干部。在一九二五年的"五卅运动"中，在一九二六年末和一九二七年初的上海三次起义中，他都积极参加。他把教育跟革命结合起来，办教育不是无所为而为，为的是革命。革命干部越多越好，培养干部当然要靠教育。这种思想，现在近乎常识了，可是在二十多年前，恐怕只有真正忠于革命的人才了解。

我在景贤分校担任教员，开始跟绍裘先生相识。过从并不甚密，可是从目见耳闻的一些事，也足以知道他为人的大概。他担任的工作多，经常是忙，这儿那儿赶来赶去，坐下来把话说完，把事儿谈妥，又匆匆忙忙走了。跟他人讨论什么，和气，亲切，爽直，让他人感到一股热力。虽然如此，对于敌人可绝不宽容。有时为了维护革命立场，宁肯与人割断友情，不愿稍稍退让。自奉非常俭约，头发不常修，衣服也穿得随便，脏了破了都不在乎。公而忘私的精神给人一个印象：在某些方面，他跟恽代英先生很有相似之点。

大概就因为他对于敌人绝不宽容，反动派恨透了他，非把他杀了不可。在他们反叛革命的前夕，罪恶的阴谋布置就绪的时候，他就在南京失踪，牺牲了。

我了解绍裘先生并不多，不足以写叙他，表扬他。

他的同志他的深交应该多多写些。不但对于绍裘先生，对于其他许多先烈也应该如此。要让当今的人和将来的人知道，人民的祖国是先烈的血和大众的汗灌溉而成的。知道得越深切，对祖国的爱越强固。

1950年3月27日作

《王统照文集》跋[1]

老友剑三谢世之后二十五年,他的令郎济诚、立诚二位同志特来看我,好久不见了,谈叙甚欢。二位带来山东人民出版社出版的《王统照文集》前三册赠我,说文集共有六册,后三册正在排印中;又说我是他们父亲的老朋友,希望我写一篇跋收入第六册,无论谈什么都是具有纪念意义的。剑三的形象如在目前,剑三的诚笃永记心头,济诚、立诚二位的嘱托又那么恳切,我毫不迟疑答应了下来,说我虽然心思滞钝,目力不济,这篇跋文一定写。

我要从五四运动那时候说起。那时候我在苏州乡镇上一所高等小学里当教员,接触的朋友只有十几位同事和镇上的少数人,知道外间情况只靠入夜才由邮递员送到的一份上海报纸,真可谓孤陋寡闻,跟时代脉搏不

---

[1] 跋(bá):文体的一种。多写在书籍等的后面,内容多属评价、鉴定、考释之类。

相应合。而当时在北京的大学生跟我根本不同。五四运动的酝酿和爆发都以大学生为主力，中学生为助力，进步的大学中小学教师也是共谋协力的伙伴。那些大学生活跃极了，集会结社，演讲讨论，办杂志，编副刊，如剑三、振铎、许地山、瞿世英、耿济之诸位，都是这样活跃的大学生，与我这个乡镇上的小学教师属于不同类型。一九二一年初文学研究会成立，十二发起人中有我，其他十一位中，我只认识郭绍虞，是幼年的熟朋友，还有剑三、振铎、地山、世英、济之、雁冰和其他四位，我全不相识。是振铎写信来邀我作发起人的，其时才通过两三回信，还没见面。同在一九二一年初，商务印书馆的《小说月报》革新，由沈雁冰主编。那年的第一期中登载了文学研究会好多位会员的作品，好比集体亮相，其中有剑三的和我的。近年来看雁冰在《新文学史料》里的《回忆录》，他谈到初编《小说月报》的时候，约稿大都与振铎商量，收稿大都由振铎经手的。当年我的稿子确由振铎转寄雁冰，而北京诸位的稿子全是振铎汇寄上海的。于此可见《小说月报》的革新是雁冰、振铎二位协力的成果。在革新的《小说月报》发表作品的大多先在报刊上登载过文章，有的已历两三年，有的年数更多，如剑三，一九一七年就开始写白话小说了,这又可见雁冰、振铎二位的选择和安排是成竹在胸的。

一九二二年,振铎伴送俄国盲诗人爱罗先珂从上海到北京,我与他们结伴同行,到北京大学任讲师。这时候才得与许多通过信的或者慕名的朋友见面,于是开始认识剑三。这一回我留居北京为时极短,因为家里有事,就请假回南了,所以与剑三谈叙不多。别后通信,或论文事,或为稿件,或因其他事项,如今回忆,也说不上频繁。最不能忘怀的是一九三一年剑三到上海之后来我寓所好多次的访问,以及一九三五年我迁回苏州之后他来苏州的一次专访——那次还同游太湖的东西二洞庭山。我生平有这样一种经验:在集会或宴饮间与友好谈叙,总不及在家里与友好促膝相对的舒畅愉快,几乎达到彼此忘我的境界。首先是来客与我母我妻以及孩子们熟得像一家人,随便说笑,共同吃喝,好像不是什么客人。待到与来客促膝倾谈,彼此的顾忌、虚骄、自高、自卑等等破盔烂甲全都卸除了,真所谓赤诚相对,如见肺肝。谈叙的也不一定是什么深文大义,高见卓识,有时候竟是街谈巷议,米盐琐屑。也会引起争议辩驳,甚至面红耳赤,结果却相对一笑,你谅解我的偏执，我想到你的脾气，就丝毫芥蒂也没有了。这真是友情的升华，无上的妙趣，可遇而不可求的。在其他场合，如园林同游，酒店共酌，旅舍联床，也会进入这样的境界，总之是唯有两人相对的时候。我把这样的谈叙叫做深谈，在追念故友朱佩弦的长调《兰陵王》里有一句"常惜深谈易歇"，就是说这个；事后回想，妙趣无穷，但是已成陈迹，不知道何时重享此乐，就不免惜其易歇了。生平结识的朋友不计其数，而感到"常惜深谈易歇"的才十几位，不能不说是极少数；剑三却是极少数中的一位，所以我在这里要特地叙明，在他谢世已经二十五年的今天，我仍然忘不了与他历次的深谈。

我与剑三叙晤的日子实在不算多。抗日战争八年，他留居"孤岛"上海，我全家入川，寓居重庆、乐山、成都三处。待我一九四六年春回到上海，他在前一年七月间回青岛去了。这期间通过好几次信。他的信恳切深挚，殷忧和热望交织，大义凛然，可惜我迁徙频繁，散失屡屡，一封也没有保存下来。一九四九年春，我与好多位老前辈和熟朋友北上，三月十四日到达济南市，其时青岛尚未解放，振铎曾经提到可惜不能去青岛访问剑三，彼此怅然。那年夏天第一次文代大会召开，我才得

与剑三重逢,睽违①已经十多年了。一九五七年我追悼剑三的诗中说:

> 解放欣良觌,积愫获畅宣。
> 岁必一叙首,此乐尤逾前。
> 而君呈衰象,骨出肤弗鲜,
> 吁吁时喘气,旧嗜摈卷烟。
> 所幸衰老貌,意壮神故全。
> 为言新社会,人人有仔肩,
> 贡力惟恐后,群利最当先。
> 复言笔未疲,尚拟草数编,
> 取资于近史,如汲不涸泉。

我这些诗句极浅薄,却是剑三当时的实况。那几年间他意兴极好而身体越来越差,虽说"岁必一叙首",而集会时繁忙,空隙时间又各有业务上的工作要做,深谈的机会就很少了。

剑三一生六十年间,写作生活占三分之二,论体裁几乎各体齐备,论出版遍于各地主要的书店和出版

---

① 睽(kuí)违:分离。

社。如今汇集从前出版的书和少数未印的稿子编成他的文集，全部是六厚册，我视力衰退，勉力翻看目录，没有见过的非常之多，读过的只占一小部分。这是有原由的。解放以前出一种书只印二三千册，又实行所谓"版税"制，待书籍销售之后才结算报酬，所以朋友之间互赠新印著作的风尚还没有形成。我记得《小说月报》革新之后，剑三登载在上边的所有作品我是读过的，还有我经手的他的若干稿件当然读过。特别要提到《山雨》。剑三在《山雨》的跋里记叙一九三一年八月间我们同游江湾叶家花园的时候，他告诉我打算写两个长篇，其一就是《山雨》。他说《山雨》"意在写出北方农村崩溃的几种原因与现象，以及农民的自觉"。他说"圣陶都极赞同，希望我早日完成"。他叙得这样简略，可是在我的记忆里，叶家花园的会晤也是一次忘不了的深谈。一九三二年下半年《山雨》写成就交给我，我先睹为快，立即付排，依次校对全书的校样，那种乐趣在他人或许是难以了解的。

剑三的文集不久就将出齐，以前我读得不多，现在正好补读；再说，我虽然不是完全闲空没事，可是经常的业务工作没有了，时间也还富裕。最可憾惜的是我的视力极度衰退，所有出版的书籍报纸都不能看了，戴上眼镜再拿起放大镜也无济于事。朋友们厚爱我，每出一种新书都以签名本赠与我，而我只能看作珍品，收藏在书橱里，十分辜负了朋友们的厚意。剑三的文集出齐的时候当然也是如此，呜呼剑三！真对不起他。

1982年8月25日作

悼剑三

上月三十日傍晚,人民日报社的同志打电话给我,说王统照先生病故了,我听了异常怅惘。今年人代大会开第四次会议,剑三(我们一班朋友习惯称王先生的字)一到北京就旧病复发,入北京医院治疗。他托人送来一本题字的册子,要好些老朋友在上面写些什么,留作纪念。我写了一首旧作的诗,就把册子转给振铎先生。当时老想去探望他,始终没去成,现在是后悔也来不及了。

将近四十年的交情,虽然叙首的时候不多,可是彼此相知以心。好几年不见一回面,不通一回信,都无所谓。只是相互相信,你也有所为,有所不为,我也有所为,有所不为,这就尽够了。待见面或者通信的时候,谈这么两三个钟头,写这么两三张信笺,又证实了彼此的相信,于是欢喜超乎寻常,各自以为尝到了友情的最好的味道。是这样的一位朋友,现在他去了,永远不回来了,再不能跟他通消息了,哪得不异常怅惘?

用抽象的词语说，剑三朴实，诚挚，向往光明，严明爱憎，解放以后热爱新社会，尽力他所担任的工作，个己方面无所求，所求的只在群众的福利和社会的繁荣。我不说他改造已经到了家，达到了脱胎换骨的境界，只说他从旧教养中得来的积极因素保持得相当多，为己为私的习染非常少，六十岁的年纪也不算大，要是体质强健些，能够多活十年八年，那末他是不难达到新社会所要求于知识分子的标准的。一九五四年的秋季，我在上海遇见他，他到上海为的是华东戏剧会演，几乎是抱病而往。看戏，参加讨论，他都不肯放松。看他气嘘嘘的，走十几级扶梯也觉得吃力，劝他多多休息，他可说会演的事儿很重要，既然来上海，就不能随便。即此一端，可以推见其他。他在山东担任好些工作，工作情况我不详细，我想山东的朋友一定有好些可以说的。

抗战以前，他到苏州看我，一块儿去游太湖里的洞庭东山洞庭西山。一九五五年深秋，我又到太湖，东西两山完全变了样。果农渔民绝大多数参加了合作社。果农不但高高兴兴称说合作对于果树业的种种好处，还提出提高产量改良品种的要求和办法。渔民向来是以舟为家，没有陆居的份儿的，现在可有了几年内全部登陆的打算。我当时想，要是跟剑三一块儿来，共同谈谈今昔的不同，那多有意思啊！这个期望，现在是永远不能实现了，我异常怅惘！

剑三写成长篇小说《山雨》，我读他的原稿，又为他料理出版方面的工作。近年来他对我说，他还想从事创作，想就近几十年的历史事件取题材。我当然怂恿①他，我说在今天看近几十年的历史事件，总会跟前一二十年那时候看有所不同，总会比那时候看得正确些，而今天的青少年也确实需要知道近几十年的历史事件。他说只望身体好些，就抽空动笔。现在他永远不会动笔了，我异常怅惘！

今年他不能出席人代大会会议，还勉力在病床上写成书面发言稿，分发给全体代表。发言稿中有以下的话："八年来我在山东可说几乎天天与党员同志们接触，开会，办事，研究问题，互提意见，自信这其间并无什么隔阂（hé），而且我也学习了不少东西。我对同志们亦不敷衍，对付，该说的说，该作的作，只要为了群众的利益，工作上的改进，这里何须客气，又何有党内外的分别。"话虽简略，已够见出他的朴实和诚挚，

---

① 怂恿（sǒng yǒng）：鼓动别人去做某事。

他的爱党爱人民的精神。我们悼念逝者，一方面也在激励生者，我把剑三的话抄在这里，无非要让大家知道剑三是这样的一个人。

1957年12月2日作

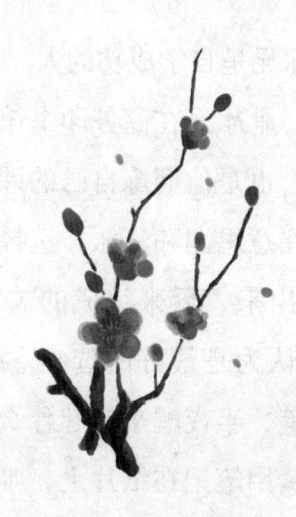

纪念雁冰兄

雁冰兄五十初度的时候,我写过一篇文字,谈他的文学工作。现在纪念他诞生九十周年,我在病中,心思迟钝,想不出什么新的话,只好重述那篇文字中的两点意思。

第一点,雁冰兄是自学成功的人。

二十年代初,雁冰兄在商务印书馆任事,编辑工作不仅是他的职业,也是他磨炼自己的课程。他专心阅读外国文艺书刊,注意思潮和流派,选择内容和风格都有特点的作品翻译出来,后来编成的《雪人》《桃园》等集子,大家都认为是最好的选集。他把许多书堆在床头,还有纸和笔,半夜醒来想起什么,就捻亮电灯阅读,如有所得赶紧用笔记在纸片上,唯恐遗忘。当时我听说他有这样的习惯,非常钦服,我从来没有这样勤奋过。

第二点,雁冰兄作小说,一向先定计划,绝不信笔直书,写到哪里算哪里。

雁冰兄不只把计划藏在他的胸中，还要写在纸上，而且不是个简单的纲要，竟是细磨细琢地详尽地记录。我有这么个印象，他写《子夜》是兼具文艺家搞创作和科学家写论文的精神的。对于那些自认为创作全凭才气的人们来说，我想，雁冰兄的创作态度很值得供他们作比照。

纪念老朋友，无非把旧话重说一遍。但愿这两点意思不是毫无用处的废话。

1986年6月22日作

悼念愈之兄

作文悼念愈之兄，在我是第二回了。四十年前做过一回，那是抗战胜利前不久，忽然传来消息，说他在南洋某地病故了。朋友们都异常怅惘，不肯相信，可是据说消息十有八九是可靠的。在这样的心情的支配下，雁冰、彬然、云彬、伯韩、子婴和我，都作了悼念文字，由我编成特辑，发表在《中学生》杂志上，因为愈之兄也是《中学生》的老朋友。悼念文字虽然写了，而且发表了，大家还希望消息是误传。我的那篇文字就是这样说的：如果我们有幸得与他重新相见，这特辑便是"一死一生，乃见交情"的凭证。

这一回是千真万确的了。同在一个医院里，我住在一楼，听说愈之兄进院了，住在四楼。我向医务人员打听，回答说他感到有点儿不舒服，所以进院来检查，没查出什么问题，过几天就可以出院的。没想到几天之后，他的病情突然恶化。我听说了就让儿子至善上楼去探望，医生已经在进行抢救。我想亲自上楼去看看，让医务人员给劝阻了。听着抢救的措施逐步升级，我知道要再见一面是没有希望了。都这么大年纪了，总会有这样一天的，听到他去了，我并不十分悲伤，只觉得又异常怅惘。我想起四十年前《中学生》上的那个特辑，六篇悼念文字的作者，现在只剩下我一个了。又想起那六篇文字，我的一篇写在最后，却放在头里作为特辑的序言，为的说明发表这样一个特辑是让读者学习愈之兄的长处，所以题目就用的《胡愈之先生的长处》。

那篇文字我着重说了愈之兄在四个方面的长处。一是他的自学精神。他中学没毕业就考上了商务印书馆当练习生，从此一边工作一边自学。几种外国文字，还有世界语，他能运用自如。他是熟练的新闻工作者、编辑工作者、出版工作者。他兴趣广泛，博而且通，对政治、经济、哲学、文学、语言文字，都有独到的见解。《中学生》当时标榜自学，愈之兄就是一个最可凭信的自学成才的实例。二是他的组织能力。愈之兄创建过许多团体，计划过许多报刊和丛书，他能鼓动朋友们跟他一起干。他善于发现朋友们的长处，并且能使朋友们发挥各自的长处。等到团体和报刊丛书初具规模，他往往让朋友们继续干下去，自己又开始新的建设。他有这样非凡的组织能力，所以建树事业之多，能比得上他的似乎少见。三是他的博爱精神。我说的博爱指的是爱人民大众。既然有所爱，就不能不有所憎，尤其在那个时代和那个社会里。愈之兄坚持正义，坚持进步，反对法西斯和帝国主义，在紧要关头，冒生命危险也在所不惜。可是事过之后，他就不再提起，不愿让别人知道。他不为名不为利，所以坚持做去，只是出于对人民大众的爱，觉得有责任非做不可而已。四是他的友爱情谊。愈之兄关心朋友甚于关心自己。他经常为朋友出主意，帮助朋友解决困难，却没见他为自己出过什么主意，也没听他诉说过自己的困难。所以他的朋友绝无泛泛之交，都愿意接受他的意见，乐于跟他共事。

那个纪念特辑发表在一九四五年七月出版的《中学生》上。过了不久，日本投降了，又过了不久，南洋有信来了。朋友们都喜出望外，愈之兄历尽艰辛，居然健在，而且打算尽快回国，迎接新中国诞生。旧友在解放了的北平重逢，都有说不尽的高兴，何况时代已经变了，美妙的前景已经展现在大家面前。

从那时起，我有幸又跟愈之兄相聚了三十几个年头，还经过许多次合作共事，有时甚至朝夕相处。这样的日子，今后不可能再有了。现在悼念愈之兄，我仍旧要说他的长处，说这四个方面；因为都是做人的根本，都是咱们应该向愈之兄学习的。

1986年2月11日作
原载《群言》第4期

悼丁玲

丁玲也去了，老朋友又少了一位。她跟我相识快六十年了，可是离多聚少，不通音信的日子倒占了一大半。一九二七年，我代振铎兄编《小说月报》，她是投稿人，住在北平，先通信往来；第二年到了上海，我才见到她，跟胡也频几乎形影不离。他们有时到我家里来，有时在朋友们的聚会上见面，那年秋天还一同去海宁观潮。一九三一年一月，胡也频被捕，丁玲到开明书店找我和朋友们设法营救。大家都同情这一对青年人，想了些办法，都没有效，胡也频不久就被反动派杀害了。两年以后，一九三三年五月，丁玲被捕了，我和朋友们又设法营救，可是杳无消息，大家以为她跟胡也频一样，也遭到了残害。到抗日战争后期，我才听说丁玲在延安，真个喜出望外。

再见面是一九四九年，我到北平以后。相隔十六个年头，她还是老样子，热情、健谈，只是服装改了，穿的灰布解放装，先前在上海，经常穿的西式裙子。建国之初大家都忙，几乎只能在会场上相见，互通消息得靠报纸。我知道她的《太阳照在桑干河上》得了奖,知道她办文学讲习所很卖力气。从那以后,足足又二十二个年头,我没见着丁玲。

再相见是一九七九年夏天,她从山西迁回北京之后。那一天,她跟陈明一同来看我。突然见到她,我真个又惊又喜。人当然老了,鬓边有了白发,还是热情、健谈。二十二年的往事,记不清是从哪儿说起的,拉拉杂杂,没有个头绪,总之问题大部分解决了,留下的正在解决。忽然她说:当初要不是我发表了她的小说,她可能不会走上文学这条道路。我不同意这句话,走上文学道路是她自己的选择,也是她自己努力的结果。可是我理解,她并无埋怨的意思,只是表明她虽然经受了非同寻常的折磨,却毫不反悔,而且打算在这条路上继续走下去。

近几年来我身体不好,经常住医院,丁玲探望过我好几回,每回都带了花来。年前听说她病了,进了另一家医院,我没法去探望她,想不到就此永别了。她跟我说过想写《桑干河上》的续集。此外总还有什么别的计划吧?要是让她多活几年,或者在过去,就让她多写个十来年,那该多好呀。——我这样想。

1986年3月6日作

记徐玉诺

假设我没有记忆,
现在我已是自由的了。
人类用记忆把自己缠在笨重的木桩上。

这是玉诺许多杂诗中的一首。他对记忆最感愤慨,他辨出了记忆的味道。在又一首小诗里,他说:

当我走入了生活的黑洞
足足地吃饱了又苦又酸的味道的时候,
我急吞吞地咽了咽;
我就又向前进了。
历史在后边用锥子刺我的脊梁筋;
我不爱苦酸,我却希望更苦更酸的味道。

他的记忆确是非常酸苦的。只就他的境遇来说:他的家乡在河南鲁山县,是兵和匪的出产地。他眼见掮着枪炮杀人的人扬长走过；他眼见被杀的尸骸躺在山野间；他眼见辛苦的农人白天给田主修堡垒，夜间又给田主守堡垒，因为要防抢劫；他在因运兵而断绝交通的车站旁边，眼见在尘土里挣扎的醉汉，只求赏一个钱的娼妓，衙门里的老官僚，沿路赌博的赌棍，东倒西歪的烟鬼和玩弄手枪的土匪，而且与他们作伴。当初与他一起的，后来他觉得他们变了，虽然模样依旧，还能认识；这更使他伤心得几乎发狂，尝到了记忆的最酸苦的味道。他曾经对我说："在我居住的境界里，似乎很复杂，却也十分简单，只有阴险和防备而已！"我虽然不知道他所有的记忆，只就"阴险和防备"来想，倘若拿来搁在舌尖上，就足以使我们哭笑不得了。

他咒诅"阴险和防备"的境况和人物的诗很多。在这样的境况和人物之中，当然只有诅咒，只有悲痛，而无所期求。但是在咒诅倦了，悲痛像波浪一样暂时平息了的时候，他羡慕"没有一点特殊的记忆"的海鸥。当然，他要像海鸥似的，漂浮在"不能记忆的海上"生活，是做不到的。所以他赞美颠倒记忆的梦幻，羡慕泯没记忆的死灭，以为在这两种境界里，尝到的总不是现在尝到的酸苦的味道了。但是，梦幻不会破空飞来，死灭又不可骤得，这又引起他深沉的悲叹。试读以下两首诗：

现实是人类的牢笼,
幻想是人类的两翼。

一只小鸟——失望的小东西——
他的两翼破碎而且潮湿;
他挣扎着起飞,
但他终归落下。
呵,可怜的脱不出牢笼的人呀!

——《现实与幻想》

自杀还算得有意义的:
没意义的人生,
他觉得自杀也是没趣味。

——《小诗》

不过他在一首《春天》里,起先叙了小鸟、小草、小孩对于春天的赞颂,以下说:

失望的哲学家走过,
逗留着无目的的寻求;
搂一搂乱发,

慈祥地端详着小鸟，小草，小孩……
仿佛这……告诉他说虚幻的平安。
倦怠的诗人走过，
擦一擦他的眼泪，微笑荡漾在枯皱的额上，
仿佛这……点缀了他梦境的美丽。

  在现实的境界里，足以使他暂时满足的只有"虚幻的平安"和"梦境的美丽"的自然景物了。他最喜爱和自然景物相亲；不仅相亲，他能融化陶醉在自然景物之中，至于忘了自己。去年的初夏，他到杭州去，中途在我的乡间住了三天。那正是新苗透出不容易描绘的绿，云物清丽，溪水涨满的时候，我因为工作忙，不能每天陪着他玩。他看惯了中原的旷野，骤然见到江南的田畴①，格外觉得新鲜有趣。他独自赤着脚，跨进水齐到膝盖的稻田，抚摩溪上的竹树，采访农家的小女孩，憩坐在临门的小石桥阑干上，偃卧②在开着野花的坟墓上，回来告诉我说："我已经领略了所见的一切的意思。"后来他回鲁山去了，还在信里问起他抚摩

---

① 畴（chóu）：泛指田野。
② 偃（yǎn）卧：仰卧。

过的竹树和踏过的稻田。他描写景物的诗，与其说是描写，不如说是他自己与自然融化的诗，都有奇妙的表现力，"这一片树叶拍着那一片"，"一片片小叶都张开它的面孔来，一个个小虫都睁开它的眼睛来"。他常常有奇妙的句子花一般怒放在他的诗篇里，不在于别的，在于他有特别灵敏的感觉。他并不是故意做作，感觉到这样，就这样写下来了。不仅是写景物的诗，他所有的诗都如此。他并不把写诗当一回事，像猎人搜寻野兽那样。在感觉强烈，情绪兴奋的时候，他不期然而然地写了；写出来的，我们叫它作诗。他的稿子往往有许多别字和脱漏的地方。我曾经问他为什么不仔细一点儿写？他说："我这样写，还恨我的手指不中用。仔细一点儿写，那些东西就逃掉了。"这就可知他的诗有时不免结构松散，修辞草率的缘故。但是也可知他的诗所以那么自然，没有一点儿雕凿的痕迹，那么真实，没有一点儿无谓的呻吟。

他虽然有时陶醉在自然里，但是"记忆"像锥（zhuī）子似的在背后刺他，他不能不醒来，醒来的时候当然还是愤慨；他在福州，大半是为了吃饭，所以他觉得"勉强"。他曾经对我说："我一切都有些勉强。"既然"勉强"，热带的密林和微风的海边，于他都漠然了，他只是恋念遥远的故乡。故乡虽然是兵和匪的巢穴，然而有他的母亲父亲在那里。他还没到福州，在途中就有一首题为《给母亲的信》的诗：

当我迷迷糊糊地思念她的时候，
就心不自主的写了一封信给她。
——料她一字不识——
待我用平常的眼光，
一行一行看了这不甚清晰的字迹时，
我的眼泪就像火豆一般，
经过两颊，滴在灰色的信纸上了。

他写了许多恋念故乡的诗。在那些诗里，爱慕母亲之外，还记挂鲁山的山谷、草原、田园，家里的小弟弟，两头母牛，三头牛犊，以及父亲的耕耘，小弟弟的玩弄小石子与他自己的割草。他的心时时飞过林原和海天，翱（áo）翔在所爱的故乡。他的爱实在很热烈而广大。他所以有咒诅的声音，就像鲁迅先生说爱罗先珂[1]那样，叫做无所不爱而不得所爱的悲哀。所以他一方面咒

---

[1] 爱罗先珂：生于1890年，俄国诗人、作家。

诅，一方面又宽恕被咒诅的，同时还加上十分的怜悯。这种情形在他的诗里时常可见。从这里就可以推知他对于和他心灵相通的几个人是怎样的热诚而天真地相爱了。

他脸色苍黄，眼睛放射出神秘的光，"乱发乘风飘拂"，不常剃的短髭（zī）围着唇边。绍虞兄看了他的相片，说他是个神秘家。我说有些儿意思，但是你如果与他见面，即使不开口谈话，就能感到他真朴的心神。在他乘着小汽轮来我的乡间那时候，我在埠（bù）头听见报到的汽笛，期待的心紧张到十二分了。汽轮泊定，乘客逐一登岸，我逐一打量。在许多客人的后面，一个人穿黑布衣服，泥污沾了很多，面貌像前面说的那样，一手拿一个轻巧的铺盖，一手提一只新的竹丝篮，中间满盛着枇杷（pí pɑ）香蕉等果品。我仿佛受着神秘的主宰命令似的，抢先紧握着他的胳膊，"你——玉诺？"他的目光注定在我的脸上，几乎使我想要避开，端详了一会儿，才把铺盖也提在提篮子的手里，随即紧握着我的手说："你——圣陶！"这当儿有一种说不出来的感觉，只感到满足，至今也忘不了。

原载1922年6月1日《文学旬刊》第39期

原题为《玉诺的诗》

俞曲园先生和曲园

俞曲园先生是清代末叶的著名学者。他的学术成就是多方面的，主要是继承了高邮王氏父子这一学派，用音韵、训诂来解释古书，这方面的著作有《群经评议》和《诸子评议》。他的诗、文自成一家，文从辞顺，并不模仿古人，故而在文学方面很有创新的意味。他在小说、戏曲、通俗文学等方面也有不少著述，但是不甚受人注意。他的全部著述汇编成集，叫做《春在堂全书》，共五百卷。

曲园先生的原籍是浙江湖州府德清县，幼年却住在杭州府仁和县的临平镇，所以他说话带临平口音，杭州可以说是他的故乡。但是更确切地说，曲园先生的一生，跟苏州的关系最为密切。

早在太平天国运动以前，他从河南罢官之后直到晚年，住在苏州的时间最长久。开始住在庚戌状元石韫玉（琢堂）的旧屋五柳园中。马医科巷住宅建于光绪初年，所谓"曲园"在住房西侧春在堂的北面，因为地面是凸形，跟篆文凸（曲）字相似，故名"曲园"。其中开了个凹形的小池塘，又跟另一个篆文凹（曲）字相似。曲水亭三面临水。对面有回峰阁。南侧的假山有两条小径，上有平台可以憩坐。北侧也有山石。牡丹台面对达斋。全园占地不大，可是布置极佳。

解放以后，曲园由曲园老人的曾孙俞平伯先生捐献给国家，现在年久失修，而且成了好些人家聚居的杂院。像曲园老人这样一位学者，咱们应该纪念他。而要纪念他，保存并修缮曲园是最好的办法。曲园的面积并不大，修缮并不费事，不用花大笔的钱，而对于发展旅游事业，尤其是增进中日友谊，却能起极好的作用。

曲园老人的著作，日本朋友购置的很多。日本学术界一向仰慕曲园老人，有不少日本学者专程来华，拜他为师。他又编选过日本人的中文诗，名为《东海投桃集》，收入《春在堂全书》。

曲园先生罢官以后，长期任杭州诂经精舍的山长。诂经精舍是个书院，书院是专门培养学术人才的学校，跟当时的科举制度并不相干，山长相当于校长。曲园老人虽在杭州任山长，在西湖边还有他的俞楼，可是他一直喜欢住苏州，只在春秋两季去杭州讲学，这样情形连续了三十一年。直到戊戌年他的孙子，平伯先生的父亲阶青（陛云）先生中了探花，他才不再两地往返，专住苏州，逝世之后才移灵杭州安葬。他的《春在堂全书》五百卷，大部分是在苏州著作的。苏州很多游览胜地都能见到他的墨迹，其中最为人们所熟悉的，是寒山寺的唐人张继《枫桥夜泊》诗碑。这块碑原来是文徵明写的，后来遗失了，曲园老人重写此诗，刻碑留在寺里。日本人一向敬重曲园老人，到苏州游览的，几乎人人要购买这块碑的拓片带回去。

修缮曲园，既是保存古迹，又可以促进国际交往，发展旅游事业。最近看见报载苏州成立园林建筑公司，修缮又很方便，我想，我的建议将会引起苏州市园林局直至中央文物局、旅游总局以及各界人士的注意和考虑。

1980年1月8日作

我钦新凤霞

新凤霞演得一手好评剧,我早就知道;她还写得一手好文章,到去年才知道。

听孩子们说新凤霞有一篇文章写得挺好,发表在一本刊物上,就叫他们找来念给我听。原来是记齐白石老先生的。齐老先生的遗闻逸事也常听人说起,可是都没有新凤霞写的那么真。她不加虚饰,不落俗套,写的就是她心目中的齐老先生。我闭着眼睛听孩子念下去,仿佛看见了一位性情、习惯都符合他的出身、年龄、地位的老画家,同时也认识了一位敏慧的善于揣摩、体贴别人的心思而笔下绝不做作的新凤霞。于是叫孩子们去翻检报刊,检到新凤霞的东西再给我念,我又听了好几篇,都满意。

去年九月间,在一个招待会上遇见祖光。我问了新凤霞的健康情况,就说她写的东西好,希望她多写。祖光说她写了不少了,已经编成集子交给香港三联书店,还说既然我喜欢,出版之后就给我送去。没隔多久,祖光果然把《新凤霞回忆录》送来了，两指厚的一册，装帧挺惹人喜爱，收入几十幅照片，还有丁聪和黄黑蛮①的插图。这本图文并茂的集子一到我们家，大大小小都争着看，看了不算，还要在饭桌上议论。我只好凑他们的空，挑一两篇让他们给我念。有时候等不及，就戴起老花镜，拿起放大镜，看它三页五页。好在看新凤霞的东西就像听她聊天，眼睛倦了，闭上休息一会儿也无妨。

新凤霞为什么能写得这样好，成了我家在饭桌上讨论的题目。她是祖光的夫人，得到老舍先生的鼓励，得到许多好朋友的支持，这些当然都是条件。但是有了这些好条件准能写出好东西来，怕也未必。主要的还在她的生活经历丰富。小时候受苦深，学艺不容易，解放以后在政治上翻了身，却又遭到不少波折……她写的不就是这些吗？她写老一辈艺人的苦难，旧班子旧剧场的黑幕；她写新时代评剧的改革，演员的新生；她写十年的浩劫，许多朋友遭到了厄运。要不是亲身经历过来，她也没有什么可写的了。但是从另外一方面想，跟她同辈的演员，经历大多跟她相仿，也有写回忆录的，像她这

---

① 黄黑蛮：画家黄永玉的儿子。

样畅达而深刻的似乎不多。这又为什么呢？

写东西当然得有丰富的生活经历，可是把经历写下来，要写得像个样儿，还得有一套本领。新凤霞就有这套本领，她能揣摩各种人物随时随地的内心世界，真够得上说体贴入微了。这套本领很可能是她从小学艺的时候练成的。她拜过几位师傅，几位师傅都没有认真教过她，她只好"看戏偷戏"——在戏院里偷着学。演龙套的时候在台上看戏，不上台的时候躲在后台看戏，她一边看一边揣摩，角儿在台上为什么这么唱这么做，为什么这么唱这么做才符合剧中人的身份和年龄，表现出剧中人的性格和心情。她不但看评剧，还看京剧、梆子、曲艺、话剧，都一边看一边揣摩。这功夫可下得深哪。先就人家唱的做的揣摩剧中人，进一步又就剧中人的身份、年龄、性格、心情揣摩自己上台去该怎么唱怎么做才更合适，新的角色就这么创造出来了，为评剧的革新作出了贡献。

是否可以这样说，新凤霞在舞台上取得成功，就因为她从小养成了观察和揣摩的习惯。观察和揣摩本来是生活的需要，作事的需要，同时也是写东西的先决条件，而在她已经成了习惯，难怪她能写得这样好，让人读着就像看她演戏一样受她的吸引。

祖光要我写几句话鼓励鼓励新凤霞。我只能说她这本回忆录给了我极好的享受,我非常感谢。能说的话确也有几句,只是意思平常,不敢藏拙,就写成这篇短文。

1983年1月26日作

汪伯乐烈士传略

这一篇传记叙述的,是一个苦儿院里勤工好学的孤儿,教育界里热忱尽职的教师,国民党里忠诚有为的党员;但是,现在,作了恶魔的牺牲了,尸骸(hái)不知在什么地方,妻儿正在伤心哀哭。他虽然没有伟大的事迹,不朽的言论;但是,只要是有心人,一定会用哀矜的真挚的心来读他的传记,结果同情于这样做人而这样了局的一个平常的人。

汪君德琪,字伯乐,原籍安徽怀宁,生于江苏吴县(清光绪二十六年)。他生来就很不幸,父亲于当年去世,到四岁,母亲也舍下他死了,由叔叔担任抚育。但是叔叔并不尽责;却把他些微的遗产消费完了。于是他除了进苦儿院,再没有旁的法子。这一年是八岁。在苦儿院里,他是个聪明的孩子;皮鞋做得很好,学科成绩尤其佳胜。毕业时,院长很看重他,要他升学,便考入江苏省立第一师范学校;这差不多是特例,旁的孩子都投入小工业界从业去了。他这一年是十七岁。师范学校的功课里,他尤其精熟的是数学和英语。他有语言的天才，表达意见扼要而有条理，所以学校举行演说竞赛，往往是他得了锦标。

民国八年，五四运动兴起。这仿佛是觉醒的警钟，全国的学生血都沸了，气都壮了，大家了悟自己的肩背上担负着政治的社会的种种重大的使命，于是各地都有学生联合会的组织。汪君即为一师出席江苏学联的代表。当时学联的事业，重要的有两项，通俗演讲和开办平民学校。演讲本是汪君的能事，就不辞疲劳地到处去讲。平民学校是在夜间授课的，他每夜尽心教授，延续至两年之久。这时候，他的终身的标的已经确切认定了，就是社会运动和教育事业。

二十二岁那一年毕业，便任市立小学教师。他当教师胜任愉快，雷氏私立纯一小学又把他聘了去。

二十三岁那一年，他与吕兆璜女士结婚。吕女士少于汪君四岁，安徽女子职业学校毕业，是汪君归原籍探望姊姊时，姊姊给他们订婚的。夫妻两个非常和爱，差不多"同心"；吕女士操作家务，汪君偶得馀暇，总是帮助她。

去年，孙中山先生逝世。汪君研求孙先生的著作，同时认清中国民族应该走的道路，便加入国民党。这并不是突兀的事，根源就在他前年认定的终身标的。从此他口里滔滔不绝的，往往是党义、党务等等，只要有人与他相对，他就能谈一个整夜。历次民众运动，当然无不参加，又热烈又详明地当众演讲的总是他。苏州地方各色人的脑子里，都深深留着他的印象。

今年七月，他以列名党籍，解除纯一小学职；一半也因与少数共事者思想上发生冲突之故。他便专任苏州市党部常务委员，兼任中国体育学校教员。苏州的党务本来不很有精神，他竭力着手整顿，又加教课辛勤，于是病了。病是筋发炎症，于十月下旬入苏民医院割治。病中仍规划党务，邀同志到院共商，因为总揽一切的辛劳，没有人能代替他。

十二月十一日，"柳唐案"发生，柳伯英、唐觉民被捕，官中认为他们将在苏州有军事动作。汪君是市党部常务委员，因而被牵连，受警探的监视。十四日，警察厅长李树珊亲到医院探询。汪君答说卧病已四十天，少接触外事；况党部专理党务，并不兼顾军事动作。厅长也就没有话说，临走时嘱汪君安心养病就是。哪知就在这晚上，他与柳、唐一起被解到江宁！久病的身躯，精神本已委顿，突然受到刺激，却非常兴奋起来。吕女士要送行，他坚决阻止；并且安慰她说没有犯罪凭证，决无死理。容色是憔悴极了，躺在病榻上被抬着走，已差不多是绝了气的人，何况在深夜里，何况前面是不可测的程途，何况分别的是心碎的妻！就是护送的警察和兵士，也有禁不住酸鼻的。

在这四五天里，营救的有好几起，地方士绅和教育团体想尽了种种办法。但是有什么用呢！十六日的清晨，汪君与柳、唐一同被枪决了！他怎样受审讯，怎样中弹而倒仆，谁知道！谁知道！只有教他死的人才知道！他的身体打成什么样子，他的尸骸埋在什么地方，谁知道！谁知道！只有教他死的人才知道！吕女士之外，他的亲属就只有两个儿子，四岁的经羲，未满周岁的经农，谁能胜任到江宁去寻找他的血肉模糊的尸骸呢？他的许多师范学校时的同学哀痛他的遭遇，共同设法想找还他的尸骸，但是不知道有没有希望呢。

他仅有短短的二十七年的生命！他平时曾说过能如刘华、周水平等为民众而死，就死得其所。但是不知道当他最后的一刹那，对于这一死的感念如何。

他一生困穷。友谊的真情的施与，他无所容心地受了，不一定道谢。唯有困穷的人也能同情别人的困穷，所以他帮助人家时才是毫不容心的。曾有邻家死了人没法买棺材，他就当了自己的衣服给他们去买。

啊，这样的人！啊，这样的死！

1926年12月作

《郑振铎文集》序

我是少年！我是少年！
我有如炬的眼，
我有思想如泉。
我有牺牲的精神，
我有自由不可捐。
我过不惯偶像似的流年，
我看不惯奴隶的苟安。
我起！我起！
我欲打破一切的威权。

振铎兄的这首《我是少年》发表在五四运动之后不久，可以说是当时年轻一代人觉醒的呼声。这首诗曾经有人给配上谱，成为当时青年学生普遍爱唱的一支歌。我跟振铎兄相识正在那个时候，先是书信往还，然后在上海见面。跟他结交四十年，我越来越深地感到这首诗标志着他的一生，换句话说，他的整个生活就是这首诗。他始终充满着激情，充满着活力，给人一种不可抗拒的感染。

文学研究会的成立，可以说主要是振铎兄的功绩。我参加文学研究会，为发起人之一，完全是受他的鼓动；好几位其他成员也跟我相同。有时候我甚至这样想，如果没有振铎兄这样一位核心人物，这一批只会动笔而不善于处事的青年中年人未必能结合成这个文学团体。

正在这个时候，雁冰兄担任《小说月报》的主编，决意全面革新，而竭尽全力支持雁冰兄的是振铎兄，他为《小说月报》革新号组织了大半稿件。后来雁冰兄被迫离开《小说月报》社，振铎兄又接替了他，使他的编辑方针得以持续下去，直到《小说月报》在"一·二八"的战火中停刊。研究新文学的人往往把《小说月报》的停刊作为文学研究会活动结束的标志，那么振铎兄真可以说是一位善始善终的最积极的会员了。

其实文学研究会并未宣布过解散，这正好表明它的组织是极其松散的。参加的成员没有分担会务的责任，许多事务工作自然地压在振铎兄的肩膀上。几种丛书和几种会刊的编辑出版，几乎全由他张罗和调度。尤其是会刊，编撰（zhuàn）工作都是在业余时间做的，不要说报酬，连撰写的稿子也没有什么稿费。几位朋友受振铎兄吸引，愿意跟他一同出力，先后担任了会刊的主编。

在二十年代，我受了振铎兄的鼓励和催迫，写了不少童话。感谢他为我的童话集《稻草人》写了序文。序文中的许多溢美之辞完全出于他提倡儿童文学创作的热情。当时他正在编辑《儿童世界》。《儿童世界》是我国最早的一种儿童期刊，创办人就是振铎兄。

五卅运动中的那些日子是值得怀念的。以十几个学术团体的名义出版了《公理日报》，振铎兄的家就成了临时的编辑部和发行所。朋友们没昼没夜地聚集在他家里，喜怒哀乐相共，都自以为肩负着民族的命运。只二十来天，《公理日报》被迫停刊了。五卅运动虽然由于权势者的妥协而失败，却为大革命准备了群众力量。商务印书馆的工会就是在那个时候成立的，善于团结朋友的振铎兄很自然地被选为工会的负责人之一。

上海迎接北伐的工人起义中，商务印书馆的工人是闸北一带的主力。起义成功以后，振铎兄被推举参加了临时革命政权——闸北市民代表会执行委员会。没想到接着就发生了"四一二"事变，工人群众的牺牲比起义时更为惨烈。振铎、愈之、予同诸兄联名写信给国民党的几位元老,抗议反动军队屠杀游行群众。后来白色恐怖越来越严重,振铎兄才出国去暂避。

振铎兄并没有就此消沉,挫折更增长了他斗争的经验。在以后的岁月里,他依然参加政治活动,依然从事文学工作,依然充满着激情和活力。那十几年间,先是反对法西斯,号召抗日,后来又为了争取民主,迎接解放,他写文章,办刊物,斗志毫不松懈。尤其难得的是他当时生活极端困苦,处境极端危险,还尽力为国家保住了一批书籍和陶俑,使这些珍贵文物不至于流落到海外去。

一九四九年春天,振铎兄和我跟许多位前辈和朋友一道,绕道香港进入解放区,准备参加政治协商会议。这次欢乐的旅行真可以说终身难忘。新中国成立之后,振铎兄为文物的发掘、修复、保护、收藏等等方面出了不少主意,还切切实实地做了不少工作,对于通俗文学的研究仍然没有放松。政权掌握在人民的手里了,一切条件都改观了,振铎兄正可以在学术方面施展他的抱负了,没想到在出国讲学途中,他因为飞机失事,过早地离开了我们。

振铎兄学的是铁路管理,毕了业被派到上海西站当见习站长。在那个时代,年轻人找工作可比现在难多了,只有铁路局、邮政局、电报局和海关的一个位置是一般人眼红的"铁饭碗"。振铎兄却宁肯扔掉"铁饭碗",一定要走这条文学的道路。他为的什么?就为的"过不惯偶像似的流年",就为的"看不惯奴隶的苟安"。"我起!我起!"他要凭文学唤醒群众,共同起来"打破一切的威权"——封建主义和帝国主义。

振铎兄离开我们已经二十五年了,现在就要排印他的二卷本选集。可惜我视力极度衰退,连目录也无法仔细阅览了。但愿这部文集能最大限度地反映振铎兄一生的工作和经历。我常常这样想,应该有人发个愿心,为振铎兄写一部传记,这对帮助人们了解"五四"以来的新文学运动大有好处。我还认为写振铎兄的传记用不着什么夸张的手法,只要求内容翔实,他那充满着激情和活力的品格就足以使读者受到感染了。

1983年2月3日作

《丰子恺文集》序

今年春上，一吟陪伴广洽法师来北京，她告诉我浙江人民出版社决定出版她父亲的文集，要我给写一篇序。为已故的老朋友的文集写序文是我应尽的责任，何况这是子恺兄的文集，我一口答应了。过了两个月，我收到《丰子恺文集》的拟目，是陈宝誊（téng）写的，字又大又工整，她知道我的眼睛几乎不管用了，因而竭力为我着想，给我方便。拟目分三卷：散文一卷，艺术一卷，包括音乐、绘画诸方面，此外诗词、书信加上年谱、著作目录合为一卷。为子恺兄编这样一部三卷集，我认为非常合适；其中艺术一卷是必不可少的。在三十年代，子恺兄为普及音乐、绘画等艺术知识写了不少文章，编了好几本书，使一代的知识青年，包括我在内，受到了这些方面很好的启蒙教育。他的那些文章大多发表在《中学生》上，而我是《中学生》的编辑，是那些文章的第一个读者，至今还记得当时感到的愉悦并不亚于读他的其他散文。所以我想，现在把他谈艺术的文章编成一卷出版，一定受到读者的欢迎。

子恺兄的散文的风格跟他的漫画十分相似，或者竟可以说是同一的事物，只是表现的方式不同罢了，散文利用语言文字，漫画利用线条色彩。子恺兄的漫画在技巧上自有他的特色，而最大的特色我以为还在于选择题材。我曾经用诗家惯说的两句话评他的漫画，就是"出人意外，入人意中"。"出人意外"是说他漫画的题材大多是别人没有画过的，因而给人一种新鲜的感受，"入人意中"是说这些题材不论从古人的诗词中或者从现实生活中取来，几乎都是大家曾经感受过的，因而使人感到亲切。这两句话用来评子恺兄的散文，我认为同样合适。读他的散文真像跟他谈心一个样，其中有些话简直分不清是他在说还是我在说。像这样读者和作者融合为一体的境界，我想不光是我一个人，凡是细心的读者都会体验到的。

我跟子恺兄相识在二十年代初，最先是看他的漫画，其次倾慕他的为人，随后是阅读和校对他的各种文篇。六十年前的事儿，回想起来已经渺茫了；当时在上海，彼此都年轻，相聚的机会挺多，不觉得怎么值得珍惜的，因而许多事儿都淡忘了。后来抗战爆发，我与子恺兄同其心情，同其命运，我们都离开了故乡。我带了一家老小告别了苏州青石弄的新居,不作得以回去的打算;他带了一家老小告别了石门湾的缘缘堂,也不打算得以回去。我进了四川,从重庆搬到乐山,又搬到成都;他先到江西,又经湖南进贵州,最后也到了四川。他走的路比我多,所受的辛苦比我多,我知道在那个伟大的时代,他不会斤斤计较个人的遭遇的,但是作为他的朋友,要不对他朝思暮想那是办不到的。一九四二年春天,我从成都去桂林,当时子恺兄住在遵义乡间,我只想路过遵义的时候能见他一面,没料到搭乘的运货汽车随处"抛锚①",到遵义却一冲而过,没有停留。直到一九四四年的秋天,我又从成都去重庆,那时候子恺兄已经搬到重庆住在沙坪坝了,他听说我到了,特地进城来看我。七年不相见,他须发都花白了,但是精神挺好。六天以后,我去沙坪坝,贺昌群兄陪我去看他。我在那天的日记上这样记着:"途中望四山俱为云封,似雨意郁不得开。……小径泥泞,颇不易走。望见一小屋,一树芭蕉,鸽箱悬于屋檐,知此是矣。入门,子恺方偃卧看书,其子女见客至,皆欢然。闲谈之顷,阳光微露,晚晴之际访旧,似别有情趣。傍晚饮酒,子

---

① 抛锚:汽车等中途发生故障而停止行驶。

恺意兴奋，斟酒甚勤。余闻子恺所藏留声机片有一昆曲片，……开机而共听之。……自昆曲转而谈宗教，谈艺术，谈人生，意兴飙举，语各如泉，酒亦屡增。三人竟尽四瓶，子恺有醉意矣。共谓如此之会良不易得，一夕欢畅，如获十年之叙首。余知子恺盖有寂寞之感矣。"那天是九月十二日。以后在成都，在上海，在北京，跟子恺兄有多次会面，但是印象都不及那一次深。

印象如此之深的会面按说应该还有一次，谁知道竟像路过遵义那样错过了，那是被迫错过的。"文化革命"起来了，许多老朋友遭到了"横扫"，子恺兄也在其中。我能看到的只是报刊上堂而皇之发表的所谓"批评"文章，因而我还在想，对一位须发苍苍的老人，他们该不至于处之过甚吧。谁知道不然，子恺兄也被"踏上一只脚，叫他永世不得翻身"。一九七三年初夏，统战部组织一部分民主人士到华东去参观，这是周总理的主意，同去的一群中有胡愈之兄和杨东莼兄。当时听说上海一部分老朋友的问题已经"搞清楚"，让他们回家去住了。我们三个到了上海，就提出想见一见巴金兄，子恺兄，还有周予同兄。一九七三年，上海还是"四人帮"的天下，我们得到的回答是："周予同可以去看，至于巴金和丰子恺，文艺界的情况太复杂，还是不去看为好。""还是……为好"的潜台词是什么，我们是懂得的。于是不再说什么。我们就去看了予同兄。予同兄瘫卧在床上，他早已不能说话了，只眼睁睁地盯着我们看。听说巴金兄子恺兄健康状况还好，那时候想日后总会有见面的日子。后来初次重见巴金兄，当时的心情只有用"悲欣交集"四个字来形容。至于子恺兄，他连"四人帮"倒台的日子都没有挨到。再见一面的希望终于成为泡影了。

在《丰子恺文集》就要付排的时候，我干吗还要提起这件不愉快的往事来呢？我应该为广大读者高兴，预祝他们能从子恺兄的著作中随处得到会心的愉悦，就像我曾经得到的一个样。可惜的是我的目力实在不济了，不可能一边重读子恺兄的著作，一边细细回味几十年间跟他的友情了。

1982年12月27日作

追怀调孚

调孚谢世一个多月了。刚得到消息的时候，很想找个朋友谈谈，共叙追怀，可惜熟悉他的老朋友已经不多了。他一辈子在出版界工作，知道他的人不很多，我不免代他感到寂寞。这种寂寞，调孚生前可能并没有感到。"人不知而不愠"本来是编辑工作者应有的胸怀。

我是进了商务印书馆才跟调孚相识的。将近六十年前的事，想不太清楚了，总之文学研究会刚成立，办起了《文学旬刊》，许多朋友都挺起劲，调孚就是其中的一个。后来振铎接替雁冰主编《小说月报》，邀调孚当他的助手。记得当时的《小说月报》有个特色，每期有一张精美的彩色插页，或是西方的名画，或是外国文学名著的插图。调孚大概就在那个时候学到了有关制版和彩印方面的许多知识。其时振铎正在编写《文学大纲》。这部巨著还没有完成，大革命失败了，为了暂避蒋介石屠杀革命者的凶焰，振铎往欧洲旅行去了，把剩下的工作托付给调孚。这四大厚册的插图本《文学大纲》的出版，调孚是花了不少气力的。

振铎旅欧期间，我代他编《小说月报》，当时算是四个人，实际做工作的是我和调孚。处理排印方面的问题，调孚比我精明得多。在那个时期，《小说月报》刊登了不少新作者的作品，好几位作者后来成了名。因此近年来常有人提起，说这是我的功劳，我以为这样说并不切当。首先是时代使然。轰轰烈烈的大革命冲激了人们的思想，自然会有许多新的作者和新的作品出现，自然也改变了我这样的编辑者的眼光。另外一点是，《小说月报》的工作是调孚和我共同做的，有许多好作品正是调孚在成堆的来稿里发现的。那时给《小说月报》投稿的作者可能还记得，他们收到的复信有些正是调孚写的。

后来我和调孚又在开明书店共事。开明书店创办在大革命之前，彼此是熟朋友，调孚为开明出了不少主意。《世界少年文学丛书》就是他和均正共同编辑的，他自己还译过几本。他正式进开明在"一·二八"之后，负责出版部的工作，其实他什么都管。开明的机构很简单，没有明确的分工。跟制版厂、排字房、印刷所、装订作打交道，当然是出版部的事，还有版式设计和装帧设计，出版部也要管；此外还要管发稿计划和出书计划。调孚管得更宽,许多作者本来是他的熟朋友,就由他出面联系。当时开明出版了不少文学作品,稿件大多是他约来的。工作的方面这样广,事情这样烦琐,也亏他有一副好精力才能应付。他对工作丝毫不肯放松。尤其是插页和封面付印,即使下了班,他一定要印刷所把样张送到他家里,让他过了目签了字才算数。

"八一三"上海战事开始,我从苏州到了四川,许多亲友留在上海。我和他们通信,大多寄给伯祥或者调孚,请他们转致。在上海的几位朋友以开明的名义办起了一种刊物叫《文学集林》,调孚参加了编辑工作。这种刊物像桥梁一样,使留在上海的和分散在内地的文艺界朋友得到了精神上的沟通,在当时很受欢迎。可是后来上海的环境越来越恶劣,《文学集林》出了几辑就停办了。那八个年头,留在上海的亲友都受尽苦难,调孚当然不是例外,可是他给我的信里没诉过一句苦。

抗战胜利之后,开明从内地迁回上海,亲友们都团聚了。从外表看,大家老了,可是心情都容易激动,似乎反倒年轻了。曙光已经在望,对黑暗自然更加深恶痛绝。当时在上海群众的反独裁争民主的宣言书上,几乎都可以见到调孚的签名。《闻一多全集》准备交开明出版,调孚也是竭力主张接受的一个,在排校过程中,他也尽了不少力。还有一种《开明文学新刊》，抗战前已经开始编了，停顿了八年，调孚重新把它编起来，在计划中加进了不少抗战期间的作品。此外，他还为好几位剧作家编了专集。现在看来，仿佛他有意要为解放以前的新文艺作个总结似的。

一九四九年初，我离开上海到解放区，从此离开了开明。新中国成立之后，调孚随开明迁到北京。不久，开明和青年出版社合并，调孚调到了古籍出版社工作，后来古籍又并入中华书局。我和调孚虽然同在北京，见面的时间却不多了。早晚相处的往时固然值得怀念，可是不常见面正表明彼此都忙着，只要听说身体都安好，就可以互相放心。到了一九六六年，情形就完全不同了，老朋友没有不互相牵挂的，却又无由相见。听说调孚并未受到冲击，可是也不得不离开北京，夫妇俩去外地跟孩子住在一起。后来中华书局承印的《柳文指要》重新"上马"，著者章行严先生写信给周总理说：他非常满意原来负责编校的徐先生，一定要请徐先生来完成这项工作。调孚于是又来到北京，住在中华书局的办公楼里。《柳文指要》排校完毕，章老先生又写信给周总理，说徐先生是一位难得的编辑，建议把他留在北京工作。可是调孚在北京没有家了，即使把夫人接了来，老夫妇俩跟前没有幼辈照顾,实在难以生活,结果他还是决定离开北京。

调孚直到临走才来看我。他也忒小心了,只怕早通知我会引起什么无法预料的麻烦。这最后一次见面没有说多少话,好像能见到彼此都活着,已经是莫大的安慰了。过了不久,他的夫人去世了。我接到他一封简单的信,语气很平静。这使我感到奇怪,他们夫妇之间感情之好,是朋友们经常称赞的。后来,朋友们给他去信,他大多不复;有时候突然收到他一封短信,可是再去信又得不到回复了,叫人摸不透是怎么回事;听说他脑筋还是挺清楚的。

调孚早年翻译的意大利童话《木偶奇遇记》,现在还在印行。还有一部《中国文学名著讲话》,是解放前写的,曾在《中学生》上连载,听说他在最后的岁月里作了整理,不久可能出版。署他自己的名字的出版物,大概只剩下这两部了。

1981年6月13日作

追念陶元庆[①]先生

与陶元庆先生会见仅三四面,一回在酒席间,其馀几回是接洽他的画幅制版的事。话谈得极少,他那种安详亲和的态度却永不能忘。

制版的画就是那幅《卖轻气球者》,原定制三色版,他屡次往制版部分监看,制成时不惬意。制版部分对这位认真的画家自觉抱歉,愿意重制。但是他看了印红色的一块版子倒中意,说就用这块版子印单色吧。制版部分不了解,以为他怕人家嫌麻烦,硬说制得不好重制是应该的。他回答说:"这就很好了。"

看钱君匋(táo)先生文,知道这幅《卖轻气球者》从开始到完成,费时一个月,中间曾把整幅设计斟酌变更了不知多少次,才成现在的这一幅。结合着制版的事来看,可知务求心之所安,不失当前的机,是他的艺术的良心与能力。

[①] 陶元庆:1893—1929,浙江绍兴人,美术家。

有些写文字的人提起笔来时自以为大有可写,到写完时说:"我不高兴再看第二遍了。"这些人大概是所谓天才。而艺术家者,是天才又加上些别的东西的一种人物。画画与作文虽是两回事,而在这上边并无二致。像陶先生,说他是天才,我想,不如说他是艺术家来得贴切。

画,我完全不懂,但喜欢看。所谓不懂,是说没有关于这一部门的素养,不能用内行家的尺度来衡量作品的短长,不能用内行家的眼力来摄取作品的精魂。而看是一种嗜好,画幅展开,足以悦目娱心,就屡屡想看了。

陶先生的画,如《落红》《一瞥》《墓地》《卖轻气球者》《烧剩的应天塔》等,我都喜爱。只觉得看在眼里舒服,是所以喜爱的极简单的缘故。作品能使几同盲目的无识者看来舒服,心里喜爱,同时又为具有素养的人所赞叹,不是艺术造诣的理想境界么?陶先生的苦心钻研使他的艺术达到了这样的境界。

从《申报》看到许钦文先生报告陶先生的死耗,心头一怔,仿佛觉得不应该有这回事似的。随后检出以前惠赠的作品复制本,逐一重看,藉寄哀思。这些复制本,我要永远珍藏,纪念这位艺术家。

从钱君匋先生来信里知道，陶先生在病中对于世间颇满意。他不是抄写这个世间的人，但是他的成就他的艺术却多方使用了这个世间，我想这就是他所以满意之故吧。果尔，他离去世间不但使知好悲伤，为他自己的艺术，他更要悲伤了吧。

1929年8月26作

原题为《追念陶先生》

桡夫子

川江里的船，多半用桡子。桡子安在船头上，左一支右一支的间隔着。平水里推起来，桡子不见怎么重。推桡子的往往慢条斯理地推着，为的路长，犯不着太上劲，也不该太上劲。据推桡子的说，到了逆势的急水里，桡子就重起来，有时候要上一百斤。这在别人也看得出来，推桡子的把桡子推得那么重，身子前俯后仰的程度加大了。过滩的时候，非使上全身的气力，桡子就推不动。水势是这样的，船的行势是那样的，水那股汹涌的力量全压在桡子上。推桡子的脚蹬着船板，嘴里喊着"咋咋——呵呵呵"，是这些沉重的声音在教船前进呢。过了滩，推桡子的累了，就又慢条斯理的了。

这些推桡子的，大家管他们叫"桡夫子"。

好些童话里说到永远摇着船的摆渡人，他老在找个替手，从他手里把桨接过去；一摆脱桨，他就飞一样地跑了，再不回头看一看他那摇了那么久的船了。在木船上二十多天，我们天天看桡夫子们做活，不禁想起他们就是童话里说的摆渡人。天天是天刚亮他们就起来卷铺盖。天天是喊号子的一声"喔——喔噢——噢",弟兄伙就动手推桡子。天天是推过平水上流水,推过流水又是平水。天天是逢峡过峡,逢滩过滩。天天是三餐干饭。天天是歇力的时候抽一杆旱烟。天天听喊号子的那样唱:"哥弟伙,使力推,推上流水好松懈""弟兄伙,用力拖,拢到地头有老酒喝"。这样,天天赶拢一个码头。随后,他们喝酒,耍钱,末了在船头上把铺盖打开,就睡在桡子旁边。

那个烧饭的(烧饭的管做饭,看太平舱,是船上的总务,他的工钱比别的桡夫子大)跟我们说起过:"到了汉口,随便啥子活路跟我说一个嘛,船上这个饭不好吃。"他说:"岸上的活路没得这么'讨神',一天三顿要做那么多人吃的,空下来还顶一根横桡,清早黑了又要看舱,是不是?船漏了是你的责任嘛。"他说:"这么点儿钱,哪儿不挣了?"他年纪还轻,人很精灵,想要放下手里的桨,换个新活路。在他看来,除了自己手上的都满不错。

别的桡夫子们,有好几个已经三十多了。一个十六七岁的,上一代也吃船上饭,也是推桡子的。这些人却不想放下手里的桨,都是每天不声不响地提起桡子，按着节拍一下一下推着。他们拿该拿的钱，吃该吃的饭，做该做的活。推船跟干别的活无非为了挣钱，他们干这一行，就吃这一行饭，靠这一行吃饭，永远靠这一行吃饭。"钱是各人各自挣的嘛，做得到哪一门活路，吃得成哪一门饭，未必是说着耍的，随随便便就拿钱给你挣了！"他们这样说。

我们下来的时候，从重庆到宜昌推一趟，每人拿得到四五万元。

在船开动的前一天，就散了一些工资。这是给桡夫子们安家买"捎带"的。"捎带"各人各买，有买川连的，有买炭砖的，有买柴火的，也有买饭箕（jī）的。买了各自扛上船，老板有地方给他们安放。老板说："我不得亏待你们，总有钱给你们办'捎带'的。"桡夫子们说："牲钱（工资）拿来有屁用！不办点'捎带'，回来扯不成洋船票，还走不到路呐。"这些"捎带"有赚有蚀。听到底下哪门货色行市，他们就办哪门。也许这已经是几个月前的信息了，也许根本就没有这回事。不过他们总是高高兴兴地把"捎带"办了来，找个顶落位的地方放好，心里想，也许在这上头可以赚一笔大钱呢。

1946年7月4日发表

阿　凤

　　杨家娘，我的同居的佣妇，受了主人的使命，入城送礼物去，要隔两天才回来。我家的佣妇很羡慕的样子自语道："伊好幸运，可以趁此看看城里的景致了。"我无意中听见了这句话，就想，这两天里交幸运的不是杨家娘，却是阿凤，伊的童养媳。

　　阿凤今年十二岁，伊以往的简短而平凡的历史我曾听杨家娘讲过。伊本是渔家的孩子，生出来就和入网的鱼儿睡在一个舱里。后来伊父死了，渔船就换了他的棺材。伊母改嫁了一个铁路上的脚夫。脚夫的职业是不稳定的，哪里能带着个女孩子南北迁徙，况且伊是个消费者。经村人关说，伊就给杨家娘领养——那时伊是六岁。杨家娘有个儿子，今年二十四岁了。当时伊想将来总要给他娶妻，现在就替他整备着，岂不便宜省事？阿凤就此换了个母亲了。

　　现在伊跟着杨家娘同佣于我的同居。伊的职务是汲①水，买零星东西，抱主人五岁的女孩子。伊的面庞有坚结的肌肉，皮色红润，现出活泼的笑意。但是若有杨家娘在旁，笑容就收敛了，因为伊有切实的经验，这个时候或者就会有沉重的手掌打到头上来。哪得不小心防着呢？

　　杨家娘藏着满腔的不如意，说出来的话几乎句句是诅咒，阿凤就是伊诅咒的对象。若是阿凤吃饭慢了些，伊就说："你是死人，牙关咬紧了吗！"若是走得太匆忙，脚着地发出蹋蹋的声音，伊又说："你赶去寻死吗！"但是依我猜想，伊这些诅咒并不含有怨怒阿凤的意思，因为伊说的时候态度很平易，说过之后便若无其事，照常工作，算买东西的账，间或凑主人的趣说几句拙劣的笑话——然而也类乎诅咒。伊的粗糙沉重的手掌时时要打到阿凤头上，情形正和诅咒相同。当阿凤抱着的主人的女孩子偶然啼哭时，杨家娘的手掌便很顺手地打到阿凤头上。阿凤汲水满桶，提着走时泼水于地，这又当然有取得手掌的资格了。工作暇时，杨家娘替阿凤梳头，头发因好久没梳，乱了，便将木梳下锄似的在头上乱锄。阿凤受了痛，自然要流许多眼泪，但不哭，待

---

① 汲：从井里打水。

杨家娘一转身，伊的红润的面庞又现出笑容了。

　　阿凤的受骂受打同吃喝睡觉一样的平常，但有一次，最深印于我的心田，至今还不能忘。那一天饭后，杨家娘正在拭一个洋瓷的锅子，伊的手一松，锅子落了地。伊很惊慌的样子，取了起来，细察四周，自慰道："没有坏！"那时阿凤在旁边洗衣服，抵抗的意念忽然在伊无思虑的脑子里抽出一丝芽来，伊绝不改变工作的态度，但低语道："若是我脱了手，又要打了。"这句话声音虽低，已足以招致杨家娘的手掌。"拍！拍！"……每打一下，阿凤的牙一咬紧，眼睛一紧闭——再张开时泪如泉涌了。伊这个态度，有忍受的、坚强的、英勇的表情。伊举湿手抚痛处，水滴淋漓，从发际下垂被于面，和眼泪混合。但是伊不敢哭。我的三岁的儿子恰站在我的椅子前，他的小眼睛本来是很灵活的，现在瞪视着她们俩，脸皮紧张，现出恐惧欲逃的神情。他就回转身来，两臂支在我的膝上，上唇内敛，下唇渐渐地突出。"啪！啪！"的声音送到他耳管里还是不断，他终于忍不住，上下唇大开，哭了——我从他这哭声里领略人类的同情心的滋味——便将面庞伏在我的膝上。后来阿凤晒衣服去，杨家娘便笑道："团团，累你哭了，这算什么呢？"阿凤晒了衣服回来，便抱主人的女孩子,见杨家娘不在,又很起劲地唱学生所唱的《青蛙歌》了。

杨家娘这等举动似乎可以称为"什么狂"。我所知于伊的一些事实,是伊自述的,或者是伊成为"什么狂"的原因。伊的儿子学习木工,但是他爱好骨牌和黄酒胜于刀锯斧凿。有一回,他输了钱拿不出,因此和人家厮打,给警察拘了去。警察要他孝敬些小费,他当然不能应命,便将他重重地打了一顿。伊又急又气,只得将自己积蓄的工资充警局的罚款,赎出伊受伤的儿子。调理了好多时,他的伤痊愈(quán yù)了,伊再三叮嘱他,此后好好儿做工,不要赌。谁知不到三天,人家来告诉伊,他又在赌场里了。伊便赶到赌场里,将他拖了出来,对他大哭。过了几天,同样的报告又来了;并且此后屡有传来。伊刚听报告时,总是剧烈地愤怒,但一见他竟说不出一句斥责的话,有时还很愿意地给他几百文,教他买些荤菜吃。——这一些事实,或许就是激成"什么狂"的原因。

杨家娘既然受了使命出去,伊的职务自然由阿凤代理。阿凤做一切事务比平日真诚而迅速,没有平日的疏忽,懈缓,过误。伊似乎乐于做事,以做事为生命的样子。不到下午三点钟，一天的事务完了，只等晚上做晚饭了。伊就抱着主人的女孩子，唱《睡歌》给伊听。字句和音节的错误不一而足，然而从伊清脆的喉咙里发出连缀的许多声音，随意地抑扬徐疾，也就有一种自然的美。主人的女孩子微微地笑，要伊再唱。伊兴奋极了，索性慈母似的拍着女孩子的身体，提高了喉咙唱起来，和学生起劲时忽然作不规则的高唱一样。

伊从没尝过这个趣味呢。平日伊虽然不在杨家娘跟前，因为声音是可以传送的，一高唱或者就有手掌等在背后，所以只是轻轻地唱。现在伊才得尝新鲜的趣味。

唱了一会儿，伊乐极了，歌声和笑声融合，到末了只余忘形的、天真的笑声。杨家娘的诅咒和手掌，勉强做粗重工作的劳苦，伊都疏远了，遗忘了。伊只觉伊的生命自由、快乐，而且是永远的，所以发出心底的超于音乐的赞歌、忘形的天真的笑声。

一只纯白的小猫伏在伊的旁边。伊的青布围裙轻轻动荡，猫的小爪似伸似缩地想将它攫住①，但是终于没有捉着。伊故意提起围裙，小猫便站了起来，高举前足。一会儿因后足不能持久，点一点地，然后再举。猫

---

① 攫（jué）住：抓住。

的面庞本来有笑的表情,这一只猫的面庞白皙而丰腴,更觉得娇婉优美。它软软地花着眼睛看着伊,似乎有求爱的意思。伊几曾被求爱,又几曾施爱?但是,现在猫求伊的爱,伊也爱猫,被阻遏着的人类心里的活泉毕竟涌溢了。伊平日常常见猫,然而不相干,从今天此刻才和猫成为真的伴侣。

伊就放下女孩子,教伊站在椅旁。伊将围裙的带子的一端拖在地上,引小猫来攫取。小猫伏地不动,蓄了一会儿势,突前攫那带子。伊急急奔逃,环走室中,小猫跳跃着跟在背后,终不能攫得。那小猫的姿态活泼生动,类乎舞蹈,又含有无限的娇意。伊看了说不出的愉快,更欲将它引逗,两脚不住地狂奔,笑着喊道:"来呀!来呀!"汗珠被于面庞,和平日的眼泪一样的多;气息吁吁地发喘,仿佛平日汲水乏了的模样,然而伊哪里肯停呢?

这个当儿,伊不但忘了诅咒、手掌和劳苦,伊连自己都忘了。世界的精魂若是"爱""生趣""愉快",伊就是全世界。

1921年3月1日写毕

义 儿

　　义儿最喜欢的东西就是纸和笔了：不论是练习英文的富士纸，印画地图的考贝纸，写大楷的八都纸，乃至一张撕下的日历，一页剩余的文格；不论是钢笔、蜡笔、毛笔、铅笔，乃至课室内用残的颜色粉笔，一到他手里，他就如获得世界的一切了。他的右手一把握着笔杆，左手五指张开，按着铺在桌上的纸，描绘他理想中的人物屋鸟；他的头总是侧着，一会儿偏左，一会儿偏右；舌尖露出在上下唇之间，似乎要禁止呼吸的样子。他能画成侧形的鲤鱼，俯视形的菊花，从正面看的农屋。他画成一样东西，常常要端相好几回，还给加上几笔，或加上一部分。有时加得高兴了，鲤鱼的鳞片都给画上短毛，菊花的花瓣尽量加多，以致整朵花凑不成个圆形；从烟囱喷出的烟越涂越多，所占纸面比屋子还大。他看看这不像一幅画了，就在上面打一个大"×"，或者撕成两半，叠起来再撕，如是屡屡，以至于粉碎。他留着的画稿都折得很小很小，积存在一个旧的布书包里。

他当然同别的孩子一样，喜欢奔跑，喜欢无意识地叫喊，喜欢看不经见的东西，喜欢附和着人家胡闹。但是他不喜欢学校里的功课。他在课室里难得静心，除了他觉得先生演讲的态度很好玩，先生如狂的语声足以迷住他的思想的时候。若是被考问时，他总能够回答，可是只有片段的，不能有完整的答案。所以他的愚笨、懒惰等等罪名早在他的几位先生的心里成立了。就是那位图画先生，也说他不要好，只知道乱涂，画的简直不成东西。这是的确的，他逢到画图的功课，随随便便临了黑板上先生画的一幅画，缴给先生就算了，从没用过一点心，希望它好。

他的父亲早死了，母亲养护着他，总希望他背书像流水一般的快，更读通一点英文，将来好成家立业。但是实际所得的只是失望和悲伤。义儿今年十二岁了，高等小学的二年级生了，赞美他的声息一丝也听不到，却时时听得些愚笨、懒惰、欢喜、捣乱等对于他的考语。她很相信这些考语是确实的，不然，何以义儿回了家总不肯自己拿出书来读，必待逼迫着呢？又何以总是一字一顿地读，从不曾熟诵如流水呢？他只喜欢捉虫子，钓鱼儿，涂些怕人的东西在纸上，这不是捣乱吗？而且有什么用处呢？她想到这等情形时，就很自然、很容易地引起旧有的胃病。"我的心全在你的身上，现在给你撕得粉碎了。"她老是对义儿这么说。义儿听了，也不辨这句话何等伤心，只觉得意味非常淡薄，值不得容留在脑子里。因此他一切照平常做去。

有一次他将积蓄着的母亲给他的钱买了两匣纸烟匣内的画片；有两次他跑到河边，蹲在露出河面的石头上钓鱼；再有几次，他到不知什么地方去逛，直到天黑才回家，都惹起了母亲的恼怒和悲感。她知道同他说伤心的话绝对没有效果，但是总希望得到一点效果，便换了个似乎较有把握的办法，就是打。她的细瘦惨白的手握着一把量衣的尺，颤颤地在他身上乱抽，因为怨恨极了，用了好大的力气。可是他一声都不响，沉静的面孔，时而一瞬的眼睛，都表示出忍受和不屈的意思。她呼吸很急促，断断续续地问："可知道你的错处吗？下次还敢这样吗？"他只当没有这回事，并且侧转他的头。她没有法子了，余怒里却萌生一丝智慧，就说："假如下次不敢，我就饶恕了你这一次。"这时候他的头或者微微一摇，或者轻轻一点，或者只有摇或点的意思，都被认为悔过的表示，她的手就此停了，她的怨恨就此咽下去了。事情就这样完结了。可是她的失望的心因此而凝固,她相信义儿是个难得教好的孩子,想起的时候就默默流泪,怨自己的命运不好,更伤悼丈夫的早死。

母亲终究是母亲,虽然觉得今后的失望是注定的了。义儿上学校去的时候,她总要问他穿的衣服够不够,肚子吃饱了没有;有时买了一点吃的东西,或是人家送了什么饼饵糖果来,她总把最好的留着给他吃。他是难得教好的,他是引起她的失望和悲伤的,她却全然不想到了。

义儿还有两位叔叔,也是时常斥责他的。不知为什么,他对于那位三叔特别害怕,一看见周身就不自由起来,好像被束缚住的样子。对于他的劣迹,三叔发现得最少,因为三叔看见他时,他总是很安定、很规矩的。人家发现了义儿的错处,就去告诉三叔,靠三叔来达到训诫他的目的——就是义儿的母亲也常常如此。三叔训诫义儿的时候,义儿的面孔就红了,不敢现出沉静的神态了,头也不敢侧转了。三叔教他以后不要再这个样子,他就很可怜地答应一声"知道了"。胜利每每操在三叔手里,三叔就发明了处置义儿的秘诀。三叔向义儿的母亲和旁人这么说:"处置义儿惟一的方法,就是永远不要将好颜脸对他。我就这样做,所以他还能听我的话。"义儿的母亲对于这句话非常信服,可是她熬不住，不能不问暖问饱，留最好的东西给他吃。

一张山水画的明信片，上面有葱绿的丛树、突兀的山石、蓝碧的云天、纡曲曳白①的迴（huí）泉，义儿从一个同学手里得到了。他快活非常，宛如得了宝贝，心想临绘一张。不干不净的颜色盒，是他每天携带的，他取了出来，立刻开始工作。一张桌子不过一方尺有余的面积，实在安放不下墨水瓶、砚台、颜色盒、明信片、画图纸、两条手臂等等东西。然而一个课室里要布置五六十张桌子，预备五六十个学生做功课呢，怎能顾得各人过分的安适？好在义儿已经习惯了，局促的小天地里他自能优游如意。此刻他将墨水瓶摆在砚台上面，明信片靠着瓶口，就仿佛帖架托着画帖。左手拿着颜色盒，桌子上面就有地位平铺画纸了。他画得非常专心，竟忘了周围的和自己的一切，没有思虑、没有情绪，只有脑和手联合的、简单的运动，就是作画。同学的喧声和沉重且急速的脚步，或是走过他旁边的暂时止步而看他一看，对于他只起很淡很淡的感觉，差不多春夜的梦一般，迷离而杳渺②。功课又开始了，同学都上了他

---

① 曳（yè）白：比喻白色的云气或江水等。
② 杳渺（yǎo miǎo）：形容很遥远或很深远。

们的座位了，英文先生也进了课室了，他周围的空气全变，而他如无所觉，还是临他的画。

竖起的明信片很引人注目，加上义儿那坐着作画的姿势，英文先生一望便明白了。他不免有点恼怒："他在那里作画，连课本都不拿出来，分明不愿意上我的功课。"他这么想，宏大而严正的呵斥声就从他喉间涌出："沈义，你做什么！现在是什么时候？你的课本哪里去了？你不爱上我的功课，尽管出去，你在课室外画一辈子的图我不来管你，在我的课室里却容不得你这样懒惰捣乱的学生！"同学们听了，有的望着义儿，看他怎么下场；有的故意看书，表示自己的勤勉；更有的向着英文先生红涨的怒容只是微笑。课室内暂时静默。

义儿被唤醒了，还有几株小树没画上，他感觉不舒快，像睡眠未足的样子。他知道不能再画了，便将明信片、画幅、颜色盒放入抽屉里，顺便拣出读本来，慢慢地翻到将要诵习的一课。他并不看先生一眼，脸容紧张，现出懊丧的神态。这更增加了英文先生的怒意。

"早已说过了，若是不愿意，就不必勉强上我的课！你恼怒什么？难道我错怪了你？上课不拿出课本来，是不是懒惰？因你而妨害同学的学习，是不是捣乱？我错怪了你吗？"

"是的，没有错怪，"义儿随口地说，却含有冷峻的意味。"现在课本已拿出来了，请教下去吧，时间去得快呢。"同学们不料义儿有这样英雄的气概，听着就大表同情，齐发出胜利的笑声来。刚才的静默的反响就是此刻的骚动了，室内不仅是笑声，许多的足在地板上移动的声音，桌椅被震摇而发出的咭咭格格的声音，英文先生把书扔在桌上并且击桌的声音，混成一片。

英文先生觉得这太难堪，非叫义儿立刻退出课室，不足以维持自己的威严。他就很决断地说："你竟敢同我斗口！你此刻就出去，我不要你上我的课！"其实英文先生并没仔细地想，说这句话很危险的，假若义儿不听话，不立刻退出课室，岂不更损了威严？果然，义儿听到驱逐令，只将身体坐后一点，以为这样就非常稳固了，——他绝对没有出去的意思。同学们的好奇心全部涌起了，先生的失败将怎样挽救，义儿的抵抗将怎样支持，都是很好看的快要上演的戏文。他们望望先生，又望望义儿，身躯频频转侧，还轻轻地有所议论，室内的空气更显得不稳定。

英文先生脸已红了，他斜睨①义儿，见他不动，

---

① 睨（nì）：斜视。

又见许多学生都好像露出讥讽的颜色。这是何等的侮辱啊！他的血管胀得粗了，头脑岑（cén）岑地响了；一种不可名的力驱策着他奔下讲台，一把抓住义儿的左臂，用力拉他站起来。义儿有桌子做保障，他两手狠命地扳住桌面，坐着不动；他的脸色微青，坚毅的神色仿佛勇士拒敌的样子。英文先生用力很猛，只将义儿的左臂震摇，桌子便移动了位置，并且发出和地板磨擦的使人起牙齿酸麻之感的声音。义儿终于支持不住，半个身体已离开桌子了。桌子受压不平均，忽然向左倾侧。一霎的想念在英文先生的脑际涌现，他想桌子倒时一定发出重大的声音，这似乎不像个样子。他就放了手，义儿的身躯重复移正，桌子便稳定了。于是课室内的战事暂时休止。

同学们观战，早已忘了自己在什么地方了。有的奋一点无所着力的力，同情于义儿的拒敌；有的只觉此事好玩，最好多延长一刻；有的觉得这是个机会，便取出心爱的玩意儿来玩弄，或是谈有趣味的话。总之，在课室之内，上功课的事是没有人想到了。直到先生放手，惊奇的目光又集中在先生脸上。

英文先生把手放了，忽然觉得这个动作太没意思，况且许多学生正看着自己的脸呢。但是，再去抓他也不好，要再抓何必放呢？窘迫的感觉包围全身，使他不敢正眼看周围诸人。他只喃喃地说："你不出去也好，我总不承认你留在这里。刚才的事退了课再同你讲。现在且上功课，你不爱上，同学们要上呢。"他很不自然地走回他的讲台。

学校里从此起风波了：英文先生将义儿的事告诉了级任先生，说以后一定不要义儿上他的课。级任先生口里虽不说什么，心里却异常踌躇，不要他上课就是不肯教他，哪有学校里不肯教学生之理？并且在英文课的时间叫他做什么呢？若是还叫他上英文课，英文先生的面子又怎么顾全？说不定英文先生因此动怒，又生出另外的枝节来。级任先生宛如受了过大的激刺，觉得满心都是不爽快。他就告诉了义儿的三叔，他们俩本是天天在茶馆里会见的茶友。许多同学呢，他们将义儿的事作为新闻，一散课就告诉别级的同学，像讲述踢球的胜利那么有味，——于是别级的同学流动不居的心里又换了个新的对象了。他们怀着好奇的心在那里观望：课已退了，英文先生将怎样办理这一件事呢？义儿仍旧取出抽屉里的东西，完成他的画幅，可是心里总觉不安定，有点儿惊怯，以后将有什么事临头，模糊而不能预料。一块小石的投掷可以激动全世界的水,虽然我们不尽能看见波纹;现在的情形就是这样了。

三叔听了级任先生的诉说,当然痛恨义儿的顽劣,一方面想法解决这件事。他说:"由我训诫他,已经不知几回了!当着面他总是很能领受的态度,自称情愿悔改,可是一背面第二个过失就来了。他母亲打他骂他,差不多是每天的常课,更没有什么用处,当时他就不肯说一个改字。我们须得换一个方法才行。"

"是呀,须得换一个方法,"级任先生连连点着头说,"他在课室内这样捣乱,非但同学们和授课的先生受他的累,连我也觉得难以措置。总要使他知所畏惧,以后不敢再这样,才得大家安静呢。"

"英文先生方面,由我去赔罪。为他的话的威信起见,不妨令义儿暂时不上英文课。到哪一天,说'你确能改过,英文先生恕你了',然后再叫他上课。"

"你这办法,解除了我的为难了!"级任先生露出得意的笑容,压在他肩上的无形的重负似乎轻了好多。"就这么办罢。可是怎能使你家义儿确能改过呢?"

三叔轻轻击一下桌子,端起茶杯呷①了口茶,然后说:"就是你所说的那句话,要他知所畏惧。我想他这

---

① 呷(xiā):小口喝。

么浮动的心情,都由每天回家,常同外面接触而来的。若是叫他住在学校里,和外间一切隔离,过严苦的生活,他一方面浮动的心情渐渐定了,一方面尝到严苦的生活的滋味而觉得怕了,或者不再有什么坏的行为做出来吧。"

"这确是一个办法。就叫他住在我的房间里好了。但是,你先要给他一个暗示,重重地训斥他一顿,使他没搬进学校就觉得懔然①。"

"我知道,我有法子。"

一切都照三叔的计划进行,义儿搬进学校里住了。他本来很羡慕住校的同学。他常常想晚上的学校里不知怎么个情形,课室里点了灯,许多同学坐在一起,不是很好玩吗?可是他并不曾向母亲要求过要在校内寄宿,因为他不能设想这事的可能。现在母亲忽然端整了被褥一切,叫他住在校里,实在是梦想不到的。这就是他往日的学校呀,但在他觉得新鲜。晚饭的铃声,课室里点了火的煤油灯,住校的同学的随意谈笑,夜色笼罩下的操场上的赛跑,都是他从来不曾经历的。他听着、看着、谈着、玩着,恍恍惚惚如在梦里,悠久而又变化多端。他在睡眠之前很匆促地摹印一张《洛川神女之

---

① 懔(lǐn)然:畏惧。

图》，到末了画那条衣带，墨色沸了开来，就把全幅撕了，但是他很觉舒适。母亲的唠叨现在是非常之远，好似在她怀抱里的时候的事；画完一幅画，居然没听见"又在那里涂怕人的东西了"的责骂。更可希望的，一个同学约他明天一早去捉栖宿未醒的麻雀。他在床上想，到哪里去取竹竿，怎么涂上了膏，预备怎样一个笼子，怎样伸手……渐渐地模糊，不能想了。

两三天内，级任先生暗里观察，希望看见义儿愁苦怯惧的面容。可是事实竟相反，义儿还是往日的义儿，而且更高兴了一点。

当级任先生到茶馆时，三叔就问他："义儿可又闹了什么事？"

"暂时没有。"级任先生微露失望的神态，语言间带着冷然的调子。

"他住在校内觉得怕吗？"

"怕？"级任先生斜睨着三叔，"哪有这回事！他还是往日的模样，而且更为高兴。"

"他竟不怕吗？"三叔怅然愕[1]视。

1921年10月29日写毕

---

[1] 愕（è）：惊讶，发呆。

一个练习生

初中读了两年,没法读下去了,就停了学。好容易找到一个职业,以为每天几碗饭到晚一张铺总不成问题的了,谁知道为了偶然的缘故,就被斥退出来。

妈妈的眉心一向打着结。爸爸的叹气声比猫头鹰叫还要幽沉可怕。我虽然拿着张伯伯的信,他替我说明这并不是我的错处;可是想想那眉心,想想那叹气声,就够气馁(něi)的了,何况往后结要打得更紧,气要叹得更幽沉。我怎么敢回去见他们呢!

今年春天,爸爸被那人家辞退了。农民连饭都没得吃,只好吃一点野菜煮番薯,哪里还缴得出什么租?那人家收不到租,哪里还请得起什么管账先生?失业的管账先生的儿子比黄包车夫的儿子都不如,钱的来路一断绝,就像西风里的苍蝇一样冻僵了,还哪里读得成什么初级中学?

爸爸叹着气说:"这一学期的学费是交付了,你还是读你的书去。下一学期可不用提了,我们的饭都不知道在哪里，还读什么书！"

妈妈不声不响，低着头，皱着眉心，糊她的自来火盒儿，像一个孤苦的影子。她两只手机械似的运动着：拿起一张薄木片，照它的折痕折起来，把那黄地墨印的小纸张箍（gū）上去，就成一个长方小盒儿，随即丢在身旁的篾篮里。这种工作的代价是三十九个铜子一千。她每天至多糊两千，可以收进七十八个铜子。

下一学期不得读书了，我觉得非常难过。可是仔细想想，又说不清为什么要难过。读书算是快乐的事情吗？我实在没有感到什么快乐。硬要记住一些枯燥无味的东西，硬要写下一些账目一样的笔记；每月一小考，一学期一大考，好比永远还不清的债务。哪里来的快乐？不能读书算是痛苦的事情吗？这种痛苦实在也平常得很。第一学期过后，就有三个同学因为力量不够停了学。第三学期第四学期开学的时候都少了人，原因相同。起初全班五十个人，到现在只剩三十五个了。即使是痛苦，至多和那些先走的同学所感到的一样，他们能忍受，我为什么不能忍受呢？

虽然这么说，自从听了爸爸的警告，我却在功课上真个用起心来。好比吃甘蔗，开头只是乱嚼一顿，直到吃剩一节两节了，才慢慢地咬，慢慢地咀嚼，舍不得糟蹋一滴蔗汁。用心的结果，枯燥无味的东西变得新鲜甜美了；历史有咬嚼，地理有咬嚼，甚至最叫人头痛的算学也有咬嚼。除了应该交给先生批阅的笔记以外，我还写了一些学习笔记，把自己想到的一切记在里头。

可惜甘蔗吃到末一节了，任你慢慢地咬，慢慢地咀嚼，一眨眼就到了吃完的时节。这就是说，第四学期读完了，我再不能在学校里多尝一滴蔗汁了。我不做一声，对每一个先生和同学恋恋不舍地看了一眼，把教室里我的座位以及运动场上的运动器械痴痴迷迷地抚摩了一阵，就此溜出了学校。

爸爸叹着气说："这样总不对啊！你得出去，出去做一点事儿。薪水且不必说，最要紧的是拿人家的饭填饱你的肚皮。家里的饭是……"他停住了，眼睛斜过去，看着妈妈机械似的运动的两只手，手背上缀满了汗珠。

我愿意出去，我愿意出去做一点事儿。可是到哪里去呢，做什么事情呢，我却完全茫然。

岂但我，就是爸爸也完全茫然。他遇见亲戚或是朋友少不得向他们请托，总是这么几句话："费您的心，替我的孩子想想法子！商店里的学徒也好，工厂里的学徒也好，无论什么都好，只要让他填饱肚皮。"无论什么都好，其实就是漫无目标；他的眼前也只见白茫茫的一天大雾。

有几个人的回答很动听:"我认识一家绸缎铺子,可以去问一声。""德大当铺的当手是我的朋友,不知道他那里收不收学徒。""现在这时代,劳动做工是堂而皇之的了,我替你向利华铁工厂打听打听吧。"这几句话好像直向将要沉没的海船划过来的小舢板①,载着一个巨大无比的希望——出死入生的希望。

但是过不了几天,小舢板打翻了,巨大无比的希望沉到了海底。绸缎铺子正在裁员减薪,谈不到收学徒。德大当铺的主人久已想收场,可是收不了,在那里勉强支持残局,再不愿多添吃口。利华铁工厂制造了大批的摩登家具,陈列在发行所里没有人过问,熟练的工人大半歇了手,再招学徒做什么?

虽然看见小舢板打翻,还是伸长脖子四望,搜寻载着希望的东西,哪怕是一根水草也好。爸爸和我每天借报来看,所有登载广告的地方不肯漏掉一个字。征求推销员的,招请助理教员的,延聘家庭教师的,物色编译人才的,都使我们眼巴巴地看了再看。可是样样不合格;几大张的广告对于我们宛如白纸。

---

① 舢(shān)板:也叫"三板",是一种用三块板制成的木结构船。

一天，一条广告好像射着光芒似的直刺我的眼睛。"招收练习生""初中毕业或同等程度"，这就是两道强烈的光芒。我闭一闭眼睛，待一阵眩耀过后，才细看全文。原来是上海一家书局登的，招收练习生八名。

"同等程度，同等程度……"我念了不知多少遍，想去试它一试。

爸爸可只看了一遍，他说："既有同等程度的话，当然去试它一试。机会是不来伺候我们的，只有我们去伺候机会呀。"

于是依着广告上的话，誊了最近的一篇作文，写了汉文的英文的两张习字，又写了一封信，叙述自己的学历和家况，连同一张半身相片寄给那家书局。

回信来了。"不合格者恕不作复"，得了回信算是合了格，可以去碰第二重机会——到上海去受试验。这当然是好消息，连妈妈的眉心也似乎抹掉了几条皱纹。可是我们不比无愁的游客，什么时候想动身就可以跨上火车；我们是说了许多的恳情话，向东家借一点，向西家借一点，实足拖延了两天工夫，才得挤上蜒蚰①那样

---

① 蜒蚰（yóu）：软体动物，外形像去壳的蜗牛，表面多黏液，头上有长短触角各一对，眼长在长触角上。

爬行的四等车。如果再拖延一天的话，试验的日期就错过了，也不用动身了。

在四等车里被挤得臭汗直淌，在浙江路的小客栈里被叮得满身是红疙瘩，我们都觉得不在乎。爸爸只是不放心地说："你自问有把握吗，你？这是个难得的机会，不要把它放过了！"我怎么说呢？我没法试验我自己，哪里知道有没有把握？我只能回答爸爸说："我尽我的力量做去就是了。"当夜我没睡熟。爸爸也老是翻身，还时时幽沉地叹一声气。

第二天跑去受试验，看见同我坐在一起的有四十几个，其中七八个年纪比我大得多，嘴唇周围已经生了黑黑的髭须。招收的名额才八个，这里却来了四十几个，不是说一个人得意，必得有五个人失望吗？又有那生了黑黑的髭须的七八个，他们的学识和经验该比我这个初中二年生高超一倍吧。我这样想，不由得胆怯起来，好像逢到楝（liàn）树花开的时节，周身软软的没有一丝力气。

直到把心思钻进试题里去，这种胆怯的情绪才渐渐忘怀。这并不比学期考试困难，除开"英""国""算"，所有科目合并为"常识测验"，只有二十个试题，认为对的，画个圈儿，认为不对，打个叉叉。我是前十名交卷，接着就是"口试"。一位满腮帮生着黑胡须的先生坐在一间屋子里，好像个相面先生，眼珠子骨溜溜的，相我的前额，相我的眼睛，相我的鼻子……总之，我的全身都给他的眼光游历遍了。我窘得很，只好低下头来看自己的鞋。大约经过了四五分钟，他开始用毫无感情的声调问我的学历和家况。我依照先前写的那封信回答了。他就检出我那封信来核对，竖起我的半身相片来和实体比照，最后才慢吞吞地翻看我的卷子。看完之后，他依然毫无感情地说："好了，你到隔壁房间里检查身体去。"

我有点不相信我的耳朵，可是他明明教我检查身体去，这不是有了被录取的资格吗？是我的卷子做得实在好，还是我的相貌合了他的意，可不知道。不知道有什么关系，我有了被录取的资格是真的！那位医生在听心音的时候，一定觉察我的心脏跳得特别厉害。

我把医生所填写的表格交给那位黑胡须先生，他看了看，递给我一张印刷品，这才透露一丝儿笑意说："你考上了。进局的手续都写在这上头！"一丝儿笑意立刻消失，他示意叫我出去，又唤进候在门外的另一个。

啊，那张《进局须知》不看犹可，一看之后，我的兴奋的心脏简直停止了跳动！"保证金六十元。""在上海觅殷实铺保。""录取后一星期不到，随即除名，由备取生递补。"这是可能的吗？一个失业的爸爸，一个糊自来火盒儿的妈妈，怎么担负得起这笔巨大的数目！担负不起，当然是"录取后一星期不到"，当然是"随即除名"。这就同做了一场欢喜梦一样，醒来时还不是看见个绝望的铁脸！

爸爸等候在书局的会客室里，我有气没力地对他说："我考上了。不过……"我递给他那张《进局须知》。

"你，你考上了！……什么，六十块保证金！难道练习生就得经手银钱，要保证金干吗？……还要在上海觅殷实铺保！保什么呢？难道练习生会当土匪，会干绑票？"爸爸的感情激动极了，网满红筋的眼睛瞪着那没插花的红花瓶，仿佛那花瓶就是书局的主持人，爸爸对它提出了严重的质问。

一会儿他又变得异常颓丧，闭上眼睛说："这是他们的章程，不依章程做，他们就把你除名，有什么可说呢！我们白跑一趟，偷鸡不着蚀把粞[1]，就是了！"

---

[1] 粞（xī）：碎米。

回家的四等车里，我的心头尝着怎样的滋味，只怕最出色的文学家也描摹不来。爸爸不但叹气，而且学着妈妈的样，把眉心皱得紧紧。一路上彼此都不说一句话。

回家的第二天早上，爸爸忽然把《节妇绝命诗卷》取出来，对我说："我们只有这一件祖传的东西，依理是不该拿出去的。现在为了你的饭碗，也顾不得了。如果有人看中它，买了去，你的保证金就有着落。这是末了的机会，总得去碰一碰，碰得着碰不着却要看我们的运道了。"

那节妇是我的十几代的祖母，生当清朝初年，丈夫死了，她写下绝命诗八首，吞金自尽。她那诗卷就成为我家世世相传的宝贝：上边有姓王的姓包的姓张的姓俞的二十多人的题跋，据说都是好书法，好诗词，好文章。那卷子轻易不给人家看，一看见的人总是啧（zé）啧连声地说："了不起！了不起！"

爸爸点起了香烛，把诗卷供在正中，就跪下来叩头。一面叩头，一面默默地祷告。想来是恳求祖宗原宥①他吧。我看着他的拜伏的身躯以及连连点动的脑

---

① 宥（yòu）：宽恕。

袋，不由得一阵心酸，淌下了眼泪。

那天下午，他从茶馆里回来，诗卷依然在他手里。他说茶馆里的一些法家看过了，都说题跋倒不坏，不过本身是绝命诗，不大吉利，谁愿意花了钱来买它。他又说只有一个人以为不在乎，如果五十块钱肯脱手的话，那就立刻成交。"我说，一百块钱吧；这上边有二十多家的题跋，家家是好手，平均起来，五块钱一家还不到呢。你知道他怎么说？他说：'你得知道此刻是什么年代！此刻是民国二十四年，民穷财尽，大家连肚子都吃不饱，谁还肯花了钱来买字呀画呀这些东西！五十块钱不肯脱手吗？好，我乐得省了钱，你也保住了你家传的宝贝！'我听得生气，就把原件带了回来。"

妈妈低声低气地说："再加十块二十块不行吗？你不要生气，你可以好好儿地同他商量。错过了这个人，再寻第二个只怕不容易了。"

"好好儿地同他商量吗？"爸爸咽下一口苦药似的按住了胸膛，"什么商量，干脆说恳求得了，恳求他多给一点！东西是一个钱也不值的，所有的钱全是他的施与！好，明天老着脸去恳求，老着脸去恳求！"他的气愤似乎消散了，他显得非常软弱，仿佛全身都瘫痪了似的。从这上边，我深深体会到他为了儿子的命运努力挣扎的苦心。

恳求的结果，那人居然答应加十块钱。传了十几代的《节妇绝命诗卷》一旦换了主人。到手的正好是保证金的数目。妈妈于是停了她那机械的工作，又像欢喜又像忧愁地替我浆洗衣服，整理铺盖。她还取出不知道什么时候藏起来的四块"袁世凯"交给爸爸，手索索地抖着，说："我拢总藏着四块钱，你们拿去作盘费用吧。"

保证金的问题固然解决了，"铺保"却还没有着落，我们一到上海就去找张伯伯，托他想法。张伯伯是爸爸幼年的同学，在一家橡胶鞋厂当推销员。

张伯伯说："公司厂家是照例不给人家作保的。我的二房东是一家鞋铺，同我还和好，托他们盖个图章作个保，想来不至于拒绝。"

张伯伯的谋干果然成功了，那家鞋铺的书柬图章歪斜地印在保单上面。我们这就赶到书局。保证金，店铺的保单，一样都不缺少，自然是合格的练习生了。在交付给管事员的当儿，爸爸脸上露出一点儿傲然的神色，仿佛表示这么个意思："你们的题目尽管难，可是难不倒我，你看，都有在这里了！"

那管事员把钞票放在桌子上，先看保单。"喔，是一家鞋铺。请你们坐一会儿，我们要派人去调查一下。"

调查就调查好了。我们并没作假，张伯伯向那家鞋铺说得清清楚楚的，问到他们当然承认。

谁料那管事员听了调查报告之后，却摇着头对我们说："不行。一开间门面，伙计都没有，只有两个徒弟。请你们换一家吧。《进局须知》上边写得明白，要殷实铺保，'殷实'两个字必须注意！"

"我们找不到别一家，便怎样？"爸爸愤愤地说。

"找不到也得找，总之这一家鞋铺不行！我们的章程如此，不能迁就你们破坏了章程。"

爸爸抓起桌子上的钞票，拉住我的胳膊转身就跑。"他们的章程破坏不得，只有另外去找了。找不到的时候，你同我一起回家去！"

仍旧烦劳张伯伯，恳求他特别帮忙，另外找一家殷实店铺给盖个图章。张伯伯奔走了一天工夫，才满头大汗地跑到客栈里来，说找到一家棺材铺了，是一个朋友给介绍的。张伯伯答应出一封保证信，那棺材铺才肯盖书柬图章。

棺材铺居然被认为具有"殷实"的资格。于是重取一张保单，盖上他们那牛角质图章，交给书局管理员。钞票也点过了，不错，十二张五元票，一共六十块钱。我才亲自填写《练习生习业契约》。上边"一""二""三""四"的条文很多，我的眼光跑了一下马，却没有看清楚什么。张伯伯还有任务，他作为我在上海的管护人，姓名、籍贯、年龄、职业、通信处，都填上了表格；对于书局，他是我爸爸的代表。

手续完全办妥，我是书局里的正式练习生了。爸爸要赶两点钟的火车回去，他把我的铺盖衣箱送到书局之后，坐也不坐，一面擦汗一面喘气地说："你总算有个吃饭地方了，好好儿地在这里吧！我没有什么对你说的，只有一个字，难！……唉，真是难！"

一会儿他的筋疲力尽的背影在马路的拐弯处消失了。我提着沉重的脚步跨上书局的阶石，"难！真是难！"直咀嚼到那位黑胡须先生给我分配工作的时候。

得到它是这样难，失掉它却很容易，唉，简直太容易了！

昨天是十二月二十四日，一个平平常常的日子。早上，我从双层床的上层爬下来，跟每天一样，穿衣服，叠棉被。谁知道当天晚上就不容我睡在那张床上！

我隶属于进货部，为了提取一批纸张，一早跑出去。经过南京路大陆商场，忽然听得一阵鞭炮的声音，不知从哪里来的,爽脆,紧张。同时大陆商场涌出大批的人,人声脚步声搅起了狂大的海啸。立刻之间,我的前后左右挤满了人体;向这边看看,一个个激昂的脸,向那边看看,一个个激昂的脸。白色的纸片在空中纷纷飘扬。我捉住一张来看,上面用特别大的铅字印着"打倒强盗样的帝国主义"。

我明白了。半个月来,北平、上海以及各地的学生都在干这种工作,现在是上海市民来那本分内的一手。

冲在人群的波浪里,我身不由主,只能应合着大众的步调朝西跑。不知道怎么,一会儿我就传染了大众的情绪。我的呼吸沉重起来。我听见太阳穴的血管突突作响。如果旁边的人回头来看我,一定也看见个激昂的脸。

"打倒强盗样的帝国主义!"

无数人的声音合并成一个浪潮的怒吼。两旁的建筑物都像震动了,电车和汽车慌张地叫喊,显得混乱和可怜。

一叠叠的传单向无论什么车辆扔过去,飘散开来,淹没了亮得发青的电车轨道,淹没了惟一的用木块铺成的马路。人群就踏着那些白纸黑字,前进,呼号。

突然间,人群的波浪冲着了礁石,反激地往后退了。我听见重实的拍拍拍的声音。踮起脚来看，是好些个脸红红的外国巡捕挥动着木棍，在向人身上乱抽乱打。

"五卅"事件！我立刻想到教科书中所讲的这个题目，现在我亲身经历当时的一幕了！

"不要退啊！不要退啊！"浪头回冲过去，直欲推翻那挡在前面的礁石。

拍！拍！拍！拍！木棍又是一阵放肆。有一些人倒了下去。巨大的皮鞋就在横倒的人身上狠命地乱踢。鲜红的血淌出来了，染上白色的纸片。又凄惨又愤怒的叫声像一枝枝的箭，刺得人几乎发狂。

我描摹不出我当时的愤恨。谁说帝国主义只是口头的一个名词，眼前这一幕就是它活生生的表现！我们不把它打倒，只好横倒在地上淌血！

但是人群终于退进了大陆商场的过道以及山东路。经过两三分钟的异样的沉默，忽然霹雳似的声音响了起来。"先施公司门前去集合啊！"

"我们手挽着手走啊！"似乎是青年女子的声音，在霹雳过后的严肃空气中，特别显得清朗。

于是手挽着手的行列重又流动起来。

这当儿我开始想到我的任务，很抱歉地谢绝了一位穿青布衣服的朋友伸过来的一只手，从九江路绕着圈子到了我所要去的地方。

回到书局里，向部长交了差，不由得把刚才看见的告诉几个同学。这对于我太新鲜了，太刺激了，藏在肚子里会发胀，必须吐露一下才觉得痛快。我叙述了激昂的人群，浪潮样霹雳样的呼号；我叙述了木棍和皮鞋怎样地放肆，鲜红的血淌在马路上怎样地惊心动魄；我也叙述了我当时的心情，我差不多忘了自己，人群如果是海潮，我就是其中的一滴。

几个同学听得都咬住了嘴唇皮。

下午三点钟光景，忽然被那位黑胡须先生传到他屋子里去。张伯伯先在那里了，一副尴尬的脸色。我知道一定是关于我的什么事情，不觉心跳起来。

张伯伯咳了两声干嗽，给我说明："这里用不着你了，叫你今天就出去。你好好儿地在这里，为什么要去参加大马路的游行呢！"

我听见头脑里嗡的一声，墙壁随即转动起来。我定一定神，根据实际情形为自己分辩："被挤在人群中间是有的；特地去参加，可没有这回事！"

"原来如此。"张伯伯转过脸去，露出卑下的笑容向那黑胡须先生恳情说，"他既不是存心去参加，似乎情有可原。感激你的大德，请你收回了成命吧！"

"存心去不存心去都没有关系，总之，他在这里不适宜就是了。"黑胡须先生对谁都不看一眼。他从文件橱里取出一张印有黑字的纸张来，又独自似的说："这是他的《习业契约》，第七条条文写得明白：'书局认为不适宜时，得随时废约，由管护人领回。'现在我的根据就是这一条。"他拿起钢笔，刷刷地在纸面写上两个红字，就递给张伯伯，"批明作废，你带了去。"接着说："这是他的保单。这是他的保证金，六十块钱，你点一点。"说罢，他划着火柴自去抽他的纸烟。

这不是太容易了吗？

昨夜晚我睡在张伯伯那里，一夜没有睡熟，说不出地难过，可是没有淌眼泪。今天张伯伯给我写了信，证明我没有错处。我得乘两点钟的火车回去。但是，想到妈妈的眉心，想到爸爸的叹气声，我怎么敢回去见他们呢！

1936年7月1日发表

阿 菊

一天早上，阿菊被他的父亲送进一个光明、空阔、透气的地方。他仿佛从一个世界投入别一个世界里。他的家里只有一张桌子和两条坏了的长凳，已使他的小身躯回旋不得。半截的板门撑起，微弱的光线从街上透进来，——因为对面是典当里库房的高墙，使他从不曾看清他母亲的面庞。门外墙角是行人的小便处，时常有人在那里图一己的便当，使他习惯了不良空气的呼吸。现在这个境界在哪里呢？他真投入了别一个世界了！

阿菊的父亲是给人家做零雇的仆役的。人家有喜事、丧事，雇他去上宾客们的菜，伺候宾客们的茶水、烟火；此外，他还当码头上起货落货的脚夫。人家干喜庆哀吊的事，酒是一种普遍而无限量施与的东西，所以他尽有尽量一醉的机会；否则也要靠着酱园里的酒缸盖，喝上两三个铜子麦烧，每喝一口总是时距很长、分量很少，像是舍不得喝的样子，直到酱园收夜市，店门快关了，才无可奈何地喝干了酒，一摇一摆地回家去。

那时阿菊早睡得很熟了。

阿菊的母亲是搓草绳的。伊的眼皮翻了出来，常常分泌眼泪，眼球全网着红丝，——这个是他们家里的传染病，阿菊父子也是这样，不过较轻些。伊从起身到睡眠，总坐在一条破长凳上，两手像机器似的工作。除了伊的两手，伊的身躯动也不动，眼睛眨也不眨。伊不像有思想，不像有忧乐，似乎伊的入世只为着那几捆草绳而来的。当阿菊初生时，他尖着小嘴衔着伊的奶头，小手没意识地抓着，可爱的、光辉的小眼睛向伊的面庞端详着。对于那些，伊似乎全无知觉，只照常搓伊的草绳。他吸了一会儿奶，便被弃在一个几乎站不住的草窠里。他咿呀欲达意罢，号哭欲起来罢，伊总不去理会他，竟同没什么在旁边一样，柔和的催眠声、甜蜜的抚慰语，在伊的声带和脑子里是没有种子的。他到了四岁，还是吸伊淡薄的奶汁，因为这样可以省却两小碗粥；还是躺在那个破草窠里，仰看黑暗的尘垢（gòu）的屋板，因为此外更没别的可以容他的地方。

阿菊今年是八岁了。除了一间屋子和门前的一段街道，他没有境遇；除了行人的歌声、小贩的叫卖声、母亲的咳嗽声，和自己的学语声、啼哭声，他没有听闻；除了母亲，他没有伴侣——父亲只伴他睡眠。他只有个很狭窄的世界。今天他才从这很窄狭的世界投入别一个宽阔的世界里。

一位女教师抚着他的肩,慈爱地轻婉地问道:"你知道你自己的名字吗?"他从没经过被询问,这是骤然闯进他生命里的不速之客,竟使他全然无法应付。他红丝网满的眼睛瞪住了,本来滑润的泪泉里不绝地涌出眼泪来。那位女教师也不再问,但携着他的手走到运动场里。他的小手感觉着温的、柔的、爱的接触,是他从没尝过的,引起了他的怅惘、恐怖、疑虑,使他的脚步格外的迟缓,似乎他在那里猜想道:"人和人的爱情这么浓郁吗?"

运动场里没有一件静止的、凝滞的东西:十几株绿树经了风微微地舞着,无数雀儿很天真地在树上飞跃歌唱;秋千往还着,浪木震荡着,皮球腾跃着,铁环旋转着,做那些东西的动原的小孩儿们,更没一个不活泼快乐,正在创造他们的新生命。阿菊随着那位女教师走,他那看惯了黑暗的眼睛经辉耀的、壮丽的光明照映着,几乎张不开来。他勉强定睛看去,才见那些和他一样而从没亲近过的孩子们。他自知将要加入他们的群里,心里便突突地跳得快起来,脚下没有劲了,就站住在场角一株碧桃树下。女教师含笑问道："你不要同他们一起玩耍吗？"他并不回答。他那平淡的、紧张的小面庞，只现出一种对于他的新境遇觉得生疏淡漠的神情。他的视觉不能应接这许多活动不息的物象，他的听觉不能应接这许多繁复愉快的音波，他的主宰此刻退居于绝无能力的地位了。女教师见他不答也不动，便轻轻地抚他的背说道："那你就站在这里看他们玩耍罢。"伊姗姗地走入场中，给伊的小友做伴侣去了。

一个小皮球流星似的飞到他的头上来，打着头顶又弹了出去，才把他迷惘的主宰唤醒，使他回复他微弱的能力。于是他觉得那温的、柔的、爱的接触没有了。四顾自己的周围，那携着自己的手的人在哪里呢？打在头顶的又是什么东西？母亲的手掌吗？没有这么轻；桌子的角吗？没有这么软。这件东西真奇怪、可怕，他那怯弱的心里想，这里不是安稳的地方，是神秘的地方。心里想着，两脚尽往后退，直到背心靠住了墙才止。他回转身来，抚摩那淡青色的墙壁，额角也抵住在上边，像要将小身躯钻进去。然而墙壁是砖砌的，哪懂得爱护他，哪里肯放开它坚硬的、冰冷的怀抱容纳他，使他避免惊恐、安定心魂呢？

阿菊坐在课室里了。全室二十几个孩子，都不过五六岁左右,今天他加入他们的群里,仿佛平坂①浅冈的丛山间插一座魁伟的雄峰。他以前只有他家里的破草窠、破长凳是他的座位,如今他有了新的座位,依然照他旧的姿势坐着,在一室里就呈个特异的色彩。他的上半身全拥在桌子上,胸膛磕着桌沿,使他的呼吸增加速度;两脚蜷了起来,尘泥满封的鞋子压在和他并坐的孩子的花衫上边。那位女教师见他这样,先坐给他看,给他一一说明,更指着全室的孩子教他学无论哪一个都好。他看了别人的榜样,勉强将两脚垂下,踏着了地,但不到一分钟又不知不觉地蜷了起来。他的胸膛也很不自然地离开了桌沿,一会儿身躯侧向右面,靠着了并坐的孩子。那个孩子嚷道:"你不要来挤我!"他才醒悟、恐惧,现出怅惘的愕顾。一阵率性的、附和的喧笑声发出来,各人的耳鼓都感到剧烈的震动。这个在他的经验里真是个可怕的怪物,他的上半身不由得又全拥在桌子上。

女教师拿出许多耍孩儿来,全室孩子的注意力便一齐集注在教师的桌子上。那些耍孩儿或裸体,或穿红色的背心遮着胸腹,嫩红的小臂和小腿却全然赤露;将他们睡倒了,一放手便跟着站起来,左右摇动了几回,

---

① 坂(bǎn):山坡,斜坡。

照旧站得挺直。真是可爱的东西！在阿菊看了更是大扩眼界。他那简单的、粗莽（mǎng）的欲望指挥着他的手前伸，想去取得他们，可是伸到了充分地直，还搭不到教师的桌子；同时那怯懦的心又牵着他的手，似乎不好意思地缩了下去。女教师已暗地窥见了他，便笑着对他道："你将这几个可爱的小朋友数一数。"他迟疑了好一会儿，经过了两三回催促，才含糊地、仅可听闻地数道："一，二，三，六，五，八，四……"女教师微微摇着头，转问靠近伊桌子的一个女孩子。那女孩子扳着小指，发出尖脆的声音数了，竟没弄错数序。几个孩子跟着伊的尾声喊道："伊数得对。"女教师温颜附和道："果然伊数得对。我给你们各人一个去玩耍罢。"

阿菊取耍孩儿在手，这是他希望而又不敢希望的，几乎不自信是真实的事。他只对着耍孩儿呆看，这是他惟一的玩弄的方法。

"你们可知那些可爱的小朋友住在哪里？"女教师很真诚地发问。

"他们住在屋子里。"群儿作谐和的语调回答。

"屋子里怎么进去？"

"有门的。"

"门比他们的身躯高呢，低呢，阔呢，狭呢？"伊非常悦乐，笑容含优美的画意，语调即自然的音乐。

"阔，高，"有几个说，"自然比他们阔，高。"在那些声音里，露出一个单调的无力的"低"字的音来，这是阿菊回答的。

"门怎么开法？"

"执这个东西。"群儿齐指室门的拉手。

"请你开给我们看。"伊指一个梳着双辫的女孩子说。

那女孩子很喜欢受这使命，伊走到门首，执着拉手往身边拉，但是全无影响。

一部分孩子见他们的同伴不成功，都自告奋勇道："我能开！这么一旋就开了。"

女教师便指一个男孩去。他执着拉手一旋，再往身边拉，门果真开了。伊和群儿都拍手庆贺他的成功。伊更发清朗的语音向群儿道："我们开门先要这么一旋。"说罢，教大家依次去试。

这事轮到阿菊，就觉得是一种最艰难的功课。他拉了一会拉手，不成；又狠命地把它旋转，也不成，便用力向外推，然而何曾推开了一丝半缝。他窘极了，脸皮红到发际，眼泪含在眶里，呼吸也喘起来了，不由得弃了拉手，在门上乱敲。但是外面哪里有应门的人等着呢？

那位女教师按着钢琴，先奏了一曲，便向群儿——他们环成一个圆圈站在乐舞室里了——说："我们要唱那《蝴蝶之歌》哩。"他们笑颜齐开了，双臂都平举着，有几个已作蝶翅蹁跹①的姿势。琴声再作，那美妙的、愉悦的人心之花、宇宙之魂的歌声，也随之而发：

飞，飞，飞，飞到花园里。
这里的景致真美丽。
有红花铺的床供我们睡眠；
有绿草织的毯供我们游戏。
飞呀，飞呀，我们飞得高，飞得高。
飞呀，飞呀，我们飞得低，飞得低。
我们飞作一团，不要分离。
你看花在笑我们了，笑得脸儿更红了。
哈！哈！哈！
花呀，你来和我们一起儿飞！
来呀，和我们一起儿飞！

阿菊站在群儿的圈子里，听不出他们唱些什么，但

---

① 蹁跹（pián xiān）：形容旋转舞蹈。

觉自始至终受着感动，一种微妙的、醉心的感动。他的呼吸和琴声、歌声应和着，引起一种不可描写的快慰、适意，超过他从前惟一的悦乐——衔着他母亲的奶头睡眠。于是他的手舞动起来，嘴里也高高低低地唱起来。这个舞动呈个触目的拙劣的姿势，没有别的孩子那么纯熟灵活；歌呢，既没词句，又没节奏，自然在大众的歌声里被挤了出来。然而这个与他何涉呢？他总以为是舞了，唱了。刚才的窘急、惶恐、怯懦……他完全和它们疏远了。只可惜他领略歌和舞这么晚，况且他能将以后的全生活沉浸在那里边嘛！

　　阿菊第一天进学校的故事，要算他生活史里最重要的一页了。然而他放学归家，回到他旧的、狭窄的世界的时候，他母亲和平日一样，只顾搓伊的草绳，并不看他一眼，问他一声。他自去蹲在黑暗的墙角旁边，玩弄他在学校里偷摘的一根绿草。说不定因这绿草引起了他纷乱的、模糊的、如梦的记忆，使那些窘急、惶恐、怯懦、感动、快慰、适意……立刻一齐重新闯进他的生命里。晚上他父亲喝醉了人家的残酒归来，摸到板铺的卧榻倒身便睡；他早上曾经送他的儿子进学校，进别一个世界，是忘记得干干净净了。

1920年12月20日写毕